MARSEILLE

Dès l'arrivée en haut des marches de la gare Saint-Charles, la ville et son site exceptionnel vous happent. Entre le bleu du ciel et de la mer, le béton des barres HLM, la silhouette de la Bonne Mère, l'ambiance village du Panier, le souk de Noailles, la folie de la Cité radieuse, la passion football, les criques secrètes, les belles villas, la poésie du Mucem et l'animation du Vieux-Port, il n'y a pas une Marseille, mais bien plusieurs. Populaire, authentique et déroutante, la ville se modernise à vitesse grand V autour du quartier d'affaires de la Joliette depuis 2013 et son statut de Capitale européenne de la culture. Le panorama ne serait pas complet sans parler de son charme méditerranéen : le soleil qui brille plus de 300 jours dans l'année, la plage en plein centre-ville, la tradition de la bouillabaisse et des apéros iodés au bord de l'eau, l'accent qui chante et le vent qui souffle. Découvrir Marseille, c'est prendre le risque d'en tomber amoureux !

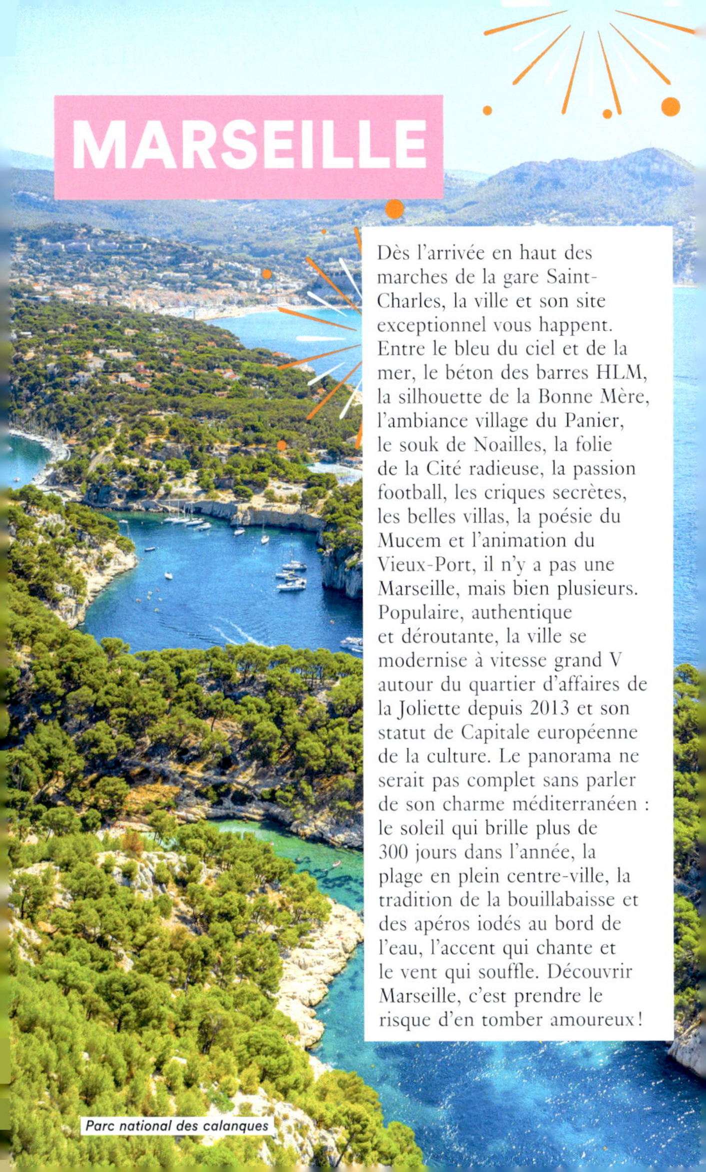

Parc national des calanques

LES INCONTOUR-NABLES

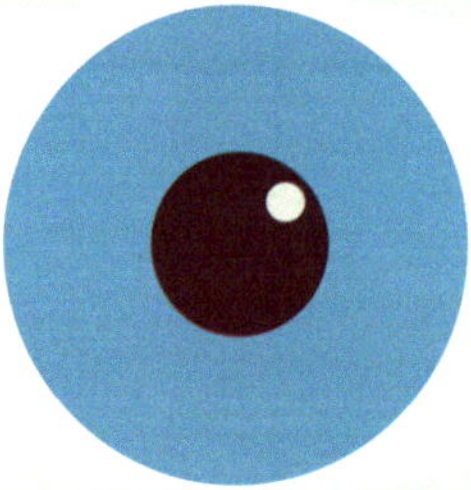

Le Vieux-Port

C'est le berceau historique de Marseille, là où tout a commencé il y a plus de 2 600 ans. Encadré par le fort Saint-Jean et le fort Saint-Nicolas, animé chaque matin par son marché aux poissons, il symbolise aussi le renouveau grâce à son Ombrière, un OVNI design aussi joli que pratique ! **Voir p. 20.**

Notre-Dame-de-la-Garde

Où que vous soyez en ville, si vous levez la tête, il y a 99 % de chance que vous aperceviez sa statue de Vierge dorée. Surnommée « La Bonne Mère », la basilique veille sur le port depuis 1864. Le panorama depuis sa colline est à couper le souffle. **Voir p. 116.**

Le Panier et la Vieille-Charité

Vous aimez *Plus belle la vie* ? À vous le Panier, qui a inspiré à la sitcom ses décors de village. Vous ne connaissez pas la série ? Vous tomberez quand même sous le charme de ce quartier populaire escarpé où se cache la Vieille-Charité, chef-d'œuvre architectural de Pierre Puget. **Voir p. 34.**

La Cathédrale de la Major et la Vieille Major

Longtemps boudée par les Marseillais, la Major a retrouvé sa superbe depuis que son parvis a été réaménagé. Impossible de rester de marbre face à son architecture romano-byzantine et son immensité. **Voir p. 56.**

Le Mucem et le fort Saint-Jean

Symbole ultime de Marseille-Provence 2013, son bâtiment façon moucharabieh est désormais le site le plus photographié de la ville ! Signées Rudy Ricciotti, ses coursives deviennent carrément magiques à la nuit tombée. Relié à lui par une passerelle, le fort Saint-Jean, ancienne vigie de l'autorité royale, s'est refait une beauté. **Voir p. 53.**

La Corniche Kennedy et le vallon des Auffes

Bruyante et agitée, la Corniche longe la mer sur des kilomètres : d'un côté des collines bordées de villas somptueuses, de l'autre le bleu infini de la mer. En contrebas se trouve le vallon des Auffes, un petit port typique où le temps semble s'être arrêté. **Voir p. 129.**

L'abbaye Saint-Victor

Coiffé par des fortifications impressionnantes, c'est le plus ancien témoignage de la vie monastique à Marseille. Sa crypte recèle encore quelques vestiges paléochrétiens. Une procession de la Vierge noire s'y tient chaque année le 2 février, jour de la Chandeleur. **Voir p. 113.**

Le palais Longchamp

Il trône, impérial, tout en haut du boulevard Philippon. Construit pour fêter l'arrivée du canal de la Durance en centre-ville, symbolisé par une fontaine monumentale, il abrite aujourd'hui le musée des Beaux-Arts dans son aile gauche, et le Muséum d'histoire naturelle dans son aile droite. **Voir p. 71.**

Le parc et le musée Borély

À deux pas des plages du Prado, c'est l'un des parcs les plus populaires de la ville avec jardin à la française, roseraie et jardin paysager à l'anglaise. Sa bastide aux faux airs de château s'est transformée en un étonnant musée des Arts décoratifs, de la Faïence et de la Mode. **Voir p. 139.**

Le stade Vélodrome

Impossible d'éviter le sujet foot à Marseille : même les plus réfractaires au ballon rond se soucient des résultats de l'OM les soirs de match ! Tout beau tout neuf, et désormais recouvert d'un toit translucide, le Vélodrome peut accueillir jusqu'à 67 000 supporters. **Voir p. 143.**

Les calanques

Les calanques constituent un parc terrestre et marin qui s'étend sur plus de 20 km. Randonnée, baignade, plongée, escalade… Ce petit paradis fait la fierté de toute la région. **Voir p. 148.**

EXPÉRIENCES UNIQUES

Découvrir les calanques en kayak

Silencieux, intime et respectueux de la nature, le kayak permet d'approcher les grottes marines et les falaises calcaires tout en se ménageant des pauses dans des criques difficiles d'accès à pied. Résultat : un sentiment grisant de liberté dans un cadre époustouflant. **Voir p. 179.**

Faire une escale gourmande au port de l'Estaque

Ici on vient de loin (ou du Vieux-Port d'un coup de navette maritime) pour savourer des panisses, dans un des petits kiosques comme celui de Magali ou de Freddy. Vous y goûterez aussi les chichis Frégi, longs beignets au parfum léger de fleur d'oranger. **Voir p. 163.**

Vibrer avec l'OM...

Aussi authentique que le stade, vivez l'expérience d'une retransmission de match de l'OM dans un bar de quartier. Fondez-vous parmi les habitués pour vous imprégner de l'ambiance, comme au Bar du Marché, où il vous sera difficile de résister à la ferveur locale. **Voir p. 88.**

Pique-niquer dans une crique magique

Pour un apéro les pieds dans l'eau ou un pique-nique improvisé, direction l'anse de Malmousque. Commandez votre pizza à l'Eau à la Bouche, prévoyez une bonne bouteille et un maillot… et installez-vous sur les rochers à l'heure du coucher de soleil ! **Voir p. 129.**

Se mêler aux pêcheurs le matin au Vieux-Port

La tradition de la pêche à Marseille perdure et le petit marché de la criée aux poissons du Vieux-Port aussi. Même s'il reste peu d'étals, quel plaisir d'y faire un tour pour humer l'ambiance ou dire bonjour à la vieille Nana, qui vend des yeux de sainte Lucie, célèbres coquillages porte-bonheur.
Voir p. 21.

Jouer une partie de pétanque au pied de la Bonne Mère

Vous avez craqué pour de vraies **boules de pétanque** ? Essayez-les vite dans l'un des boulodromes de la ville. Derrière la colline de Notre-Dame de la Garde, le **jardin du Bois-Sacré distribue deux terrains de pétanque** de chaque côté de la rue dans un cadre typiquement marseillais et privilégié (rue du Bois Sacré, 7e arr., plan p. 114).

Découvrir le Marseille noir des polars

Au détour de ruelles et bars interlopes du centre-ville, Mathieu Faureau vous fait remonter les traces des parrains qui ont défrayé la chronique, des nervis jusqu'à la French Connection (Marseille Gangster Tour : www.marseillegangstertour.com ; 12-15 €/pers.).

Faire un jogging les yeux dans la grande Bleue

Courir en longeant la mer au soleil couchant sur la fameuse Corniche Kennedy (**voir p. 129**) vous fera découvrir le littoral marseillais de façon sportive ! Et si votre truc, c'est plutôt le vélo (**voir p. 178**), venez tester la piste cyclable de 2 km. Vous pourriez même terminer par un petit plongeon…

Se la couler douce

Dans ce hammam intimiste du quartier de Noailles, l'équipe de Jiji vous accueille pour un moment de douceur. Dans une bulle de détente, on relaxe son corps et son esprit entre massage à l'huile d'argan, gommage et enveloppement (Hammam Djerba : 26, rue de l'Académie ; 06 19 67 39 59 ; www.hammam-djerba.com ; lun.-dim. 9h-19h ; sur résa uniquement, privatisation possible à partir de 10 pers. ; massage : 35 €/30 min, 60 €/1h).

Visiter une villa classée dans un quartier secret

La sublime Villa Santa Lucia, au cœur du quartier du Roucas-Blanc, possède un jardin imaginé sur plusieurs niveaux. Vous cheminerez autour des bassins et rocailles, au gré de la végétation luxuriante avec pour décor la Méditerranée, et accéderez au vestibule richement décoré de la villa (60, traverse Nicolas, 7e arr. ; de mi-juin à fin sept. : dim.-mer. et j. fériés 8h-14h ; 6 €, visite libre sans résa ; pas de CB).

NOS ADRESSES COUPS DE CŒUR

Adresses gourmandes, bars de quartier, boutiques originales, voici la sélection coup de cœur 100 % marseillaise de notre auteure.

Maison Empereur

Dromel-Ainé

Chicoulon

Un joli patio caché du centre-ville, où découvrir la belle sélection de vins proposée.

Voir p. 100, De la Préfecture à Castellane.

Le Baron Perché

C'est le parfait petit resto de quartier, midi et soir, on s'y régale avec des plats aux accents corses et italiens.

Voir p. 132, Corniche Kennedy.

Le Grand Guste

Une table traditionnelle et une déco colorée un peu déjantée : un beau mélange !

Voir p. 118, Le sud du Vieux-Port.

Le Baron Perché

Longchamp Palace
Ouvert tous les jours, ce bar-resto à l'accueil amical reste une valeur sûre de la nuit marseillaise.

Voir p. 77, Longchamp.

Café de l'Abbaye
Une terrasse ultra sympa avec vue sur le Vieux-Port et une ambiance très décontractée… le genre d'adresses où on a envie de revenir !

Voir p. 122, Le sud du Vieux-Port.

Père Blaize
Dans cette herboristerie ancestrale, on vient soigner ses petits bobos à coups de plantes méditerranéennes.

Voir p. 92, Noailles.

undARTground
La boutique idéale pour un petit cadeau original, comme un tee-shirt décalé ou des affiches dessinées par des artistes locaux.

Voir p. 49, Le Panier.

Dromel-Ainé
Dans une atmosphère un peu surannée, cette institution offre d'exquises douceurs.

Voir p. 108, Le quartier de la Préfecture.

Maison Empereur
Pour voyager dans le temps et plonger dans un cabinet de curiosités où l'on pourrait passer la journée.

Voir p. 91, Noailles.

Chicoulon

UN GRAND WEEK-END SUR MESURE

Nous avons découpé la ville en 13 quartiers et proposons une escapade dans les environs. Évidemment, en trois jours, vous ne pourrez pas faire toutes ces balades. Alors suivez notre programme pour voir l'essentiel et prendre le pouls de la ville, et à vous de voir si vous voulez remplacer telle visite par une autre en fonction de vos centres d'intérêt...

J1

Matin

Attaquez en douceur en prenant place dans le petit train touristique qui longe la Corniche et mène jusqu'à Notre-Dame-de-la-Garde (quartier 8), pour la visiter et profiter du panorama qu'elle offre sur toute la ville. Redescendez ensuite à pied en flânant dans le quartier des Antiquaires (quartier 7).

Midi

Après un déjeuner sur le Vieux-Port chez Madie les Galinettes, le Panier vous tend les bras (quartier 2).

Après-midi

Dominé par la Vieille-Charité qui abrite deux beaux musées, c'est le plus ancien quartier de la ville, le plus « village ». Asseyez-vous à une terrasse, perdez-vous dans ses ruelles et débouchez sur l'esplanade de la Major (quartier 3).

Cours Julien

Soir

Dirigez-vous vers le Mucem et la Villa Méditerranée (quartier 3) pour rejoindre le fort Saint-Jean. À l'heure où le soleil se couche, spectacle magique garanti !

J2

Matin

Rendez-vous pour une balade matinale dans le parc Longchamp, avant de vous rendre au musée des Beaux-Arts (quartier 5). À moins de préférer une visite de son voisin, le Muséum d'histoire naturelle.

Midi

En descendant la Canebière, saluez Saint-Vincent-de-Paul avant de bifurquer à Noailles pour son ambiance de minisouk gourmand (quartier 6). Arrêtez-vous à la boutique de la Maison Empereur, avant de déguster une pizza chez Sauveur.

Après-midi

Offrez-vous une balade digestive en remontant vers le « Cours Ju » pour goûter son ambiance underground et faire du shopping dans ses boutiques de créateurs.

Soir

Le soir, changement de décor pour un apéro au bord de l'eau au vallon des Auffes (quartier 9).

Nos conseils de visite

À vous d'adapter votre séjour à la météo : selon le mois de l'année et l'intensité du mistral, l'accès aux calanques ou la balade en bateau peuvent, en effet, être compromis. Dans ce cas, rabattez-vous sur les musées, comme le FRAC.

J3

Matin

Prenez un bol d'air matinal sur le marché de la criée (quartier 1), avant de filer en bateau ou en bus jusqu'aux Goudes (quartier 11).

Midi

À vous le Parc national des calanques pour des randonnées nature et sportives, et des plongeons dans ses criques.

Après-midi

Vous n'avez encore vu ni le Pharo ni l'abbaye Saint-Victor (quartier 8) ? Courez-y et profitez d'être dans le quartier pour faire le plein de navettes marseillaises au Four des Navettes.

Soir

Terminez la journée dans les bars et les restaurants de la rue Sainte !

SI VOUS PROLONGEZ VOTRE SÉJOUR

Vous connaissez déjà les incontournables de Marseille ou vous prolongez votre séjour ? Découvrez d'autres sites majeurs de la scène culturelle de la cité ou explorez un coin de nature encore sauvage.

La Belle de Mai (quartier 5)

Plongée culturelle en mode bobo et alternatif. Depuis 1992, ce quartier populaire en voie de requalification vit au rythme de la programmation artistique et événementielle de la Friche. Nichée dans l'ancienne Manufacture des tabacs, elle abrite des salles de spectacles, des résidences d'artistes, une librairie, des restos, des jardins partagés, un marché de producteurs, un skatepark, une crèche… Ne manquez pas la Tour-Panorama qui accueille, depuis 2013, des expositions éphémères d'art contemporain. Envie de poursuivre la balade ? Rendez-vous au Chapiteau, lieu de vie et de spectacles.

La Cité Radieuse et le Vélodrome (quartier 10)

La journée promet de faire le grand écart entre l'ambiance architecturale et *fifties* de la

Friche la Belle de Mai

Archipel du Frioul

L'archipel du Frioul (quartier 12)

Depuis le début de votre séjour, ces quatre îles de calcaire semblent vous narguer au loin? Hop, embarquez sur une navette maritime pour partir à l'assaut de Pomègues ou de Ratonneau. Exit le bruit et l'agitation de la ville. Avec ses petits airs de Cyclades, le Frioul est un havre de tranquillité et de nature sauvage. Entre deux baignades, vous pourrez découvrir l'hôpital Caroline. Au retour, s'il vous reste du temps, profitez-en pour faire une halte sur l'île d'If et monter jusqu'à son château.

« Maison du Fada » et la ferveur sportive et commerciale qui règne aux abords du stade Vélodrome. Avant de vous aventurer boulevard Michelet, prenez soin de réserver une visite guidée de la Cité radieuse auprès de l'office de tourisme : elle vous ouvrira les portes d'un appartement témoin et vous expliquera en détail les coulisses d'un tel projet, son passé, son présent et son futur, avant de vous conduire au toit-terrasse et au MAMO.

Le château d'If

VISITES PAR QUARTIER

Calanque d'En-Vau

À SAVOIR

Visiter Marseille

Nous avons découpé la ville en **13 quartiers** facilement accessibles les uns par rapport aux autres à pied ou en bus, à l'exception du Frioul, que vous pourrez rejoindre uniquement en bateau. Nous y avons ajouté une **14e visite** dans les quartiers provençaux et les environs chers à Marcel Pagnol. Celle-ci peut s'effectuer en train et en bus, mais il vous en coûtera de l'organisation et de la vigilance pour respecter les horaires. On vous conseille donc plutôt de vous y aventurer en voiture.

Notre-Dame-de-la-Garde

Lire les cartes

- Chaque visite est accompagnée d'un plan détaillé sur lequel nous avons placé tous les **points d'intérêt** du quartier.
- Les **pastilles de couleur** indiquent nos bonnes adresses de restos, de bars et de boutiques.
- Le numéro de la pastille colorée correspond à celui attribué à chacune des adresses.

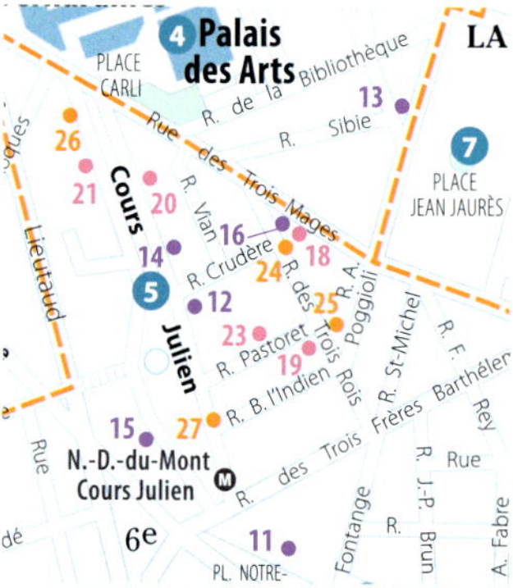

Infos Covid-19

Compte tenu du contexte sanitaire, de nombreux sites et adresses sont amenés à restreindre leurs horaires d'ouverture et à s'adapter à la situation. Nous vous recommandons de vérifier les horaires et conditions de visite de chaque lieu et adresse sur leur site Internet ou leur page Facebook.

Le Bistrot Plage, sur la Corniche

Réservations et conseils

Si vous envisagez une randonnée dans les calanques, renseignez-vous au préalable sur les **restrictions d'accès éventuelles** (p. 153) et sur les **prévisions météorologiques**.

- **Conseil** : si vous prévoyez d'explorer les alentours alors que vous êtes venu à Marseille en train ou en avion, pensez à **réserver une voiture de location** (p. 177).

Se déplacer

À pied, vous pourrez arpenter une bonne partie de la ville, notamment le centre-ville et le Panier, quartier majoritairement piéton.

À vélo, vous pourrez explorer les alentours du Vieux-Port jusqu'au Silo, ou encore longer la corniche, en louant un vélo en libre-service.

En bus, on peut même aller aux portes des calanques! Attention, le service s'arrête tôt le soir et est réduit pendant les vacances.

M Le **métro** compte 2 lignes qui se croisent deux fois. Un bon moyen pour rallier les terminus des bus qui rejoignent les plages.

En été, profitez des **navettes maritimes** pour rejoindre les plages, le port des Goudes ou l'Estaque par la mer (p. 179). Le temps de trajet sera le même qu'en bus, et vous gagnerez une virée en bateau!

Gratuité

- **Musées et monuments gratuits** : N.-D.-de-la-Garde, la Major, abbaye Saint-Victor (sf la crypte), parc Borély, jardin Valmer, extérieur du Mucem (coursives, terrasse et jardin), musée d'Art sacré d'Allauch.
- Les musées municipaux sont gratuits le 1er dim. du mois.

LE VIEUX-PORT ET LA CANEBIÈRE

1

Depuis plus de 2600 ans, le Vieux-Port est le centre historique de Marseille. Le quartier le plus célèbre de la ville s'éveille aux premières lueurs de l'aube avec le marché aux poissons. L'animation va crescendo et se poursuit jusqu'à la fermeture des bars. Plus haut, on devine la silhouette de l'église des Réformés. Pour la rejoindre, on emprunte la Canebière et on traverse le cours Belsunce, deux axes majeurs qui ont perdu de leur opulence mais gardent encore de jolies façades du XIXe s.

Le Vieux-Port

① Le Vieux-Port✦✦✦

C'est le site le plus emblématique, le plus ancien, le plus populaire et aussi le plus cliché de Marseille. Harmonieusement encadré par le fort Saint-Jean sur sa rive nord (p. 53) et le fort Saint-Nicolas (p. 112) sur sa rive sud, le Vieux-Port a malheureusement conservé peu de traces de son histoire.

La rive nord

Presque entièrement détruits en 1943 pendant la rafle de Marseille, les quais sont aujourd'hui bordés d'immeubles des années 1950 de l'architecte Fernand Pouillon, qui s'arrachent à prix d'or.

Saint-Ferréol et la criée

Avant de croiser la Canebière, poussez la porte de l'**église Saint-Ferréol**, située à l'angle du quai des Belges et de la rue de la République. Achevée à la fin du XVIe s., elle abrite quelques tableaux du peintre provençal Michel Serre. À ses pieds se tient chaque matin le **marché de la criée,** le plus connu et le plus folklorique de tous. Mis en place sous Colbert, il était autrefois abrité rive sud, dans ce qui est devenu désormais le théâtre de la Criée (p. 117). Chaque matin, ce marché continue de rassembler une dizaine de pêcheurs, qui s'installent quai des Belges pour vendre leurs poissons du jour.

Quai des Belges, 1

L'Ombrière

Cette curiosité tout en métal poli, signée Norman Foster (2013), est le symbole du renouveau du Vieux-Port et de sa semi-piétonnisation ! Aussi jolie que pratique, elle protège de la pluie l'hiver et des rayons du soleil l'été. Faites comme tout le monde : prenez votre reflet en photo !

Quai des Belges, 1er arr.

2 La Canebière✦

La célèbre avenue part du Vieux-Port et remonte tout droit jusqu'à l'église Saint-Vincent-de-Paul (Les Réformés). Démarré en 1666, son tracé s'achève vraiment seulement au début du XXe s. C'est son heure de gloire : ses nombreux cafés et ses luxueux hôtels attirent les visiteurs de marque et les grandes fortunes. Depuis la décolonisation, la rue a perdu de son faste ; aujourd'hui, les enseignes bon marché et de restauration rapide s'y sont installées. Pourtant, des travaux ont permis de réhabiliter le bas de la Canebière, désormais piéton, et de très belles façades subsistent : voyez les décors en mosaïque de l'ancienne **joaillerie Rey** (no 39), les cariatides du **Grand Hôtel du Louvre de la Paix** (no 53) et l'ancien **hôtel de Noailles** (à l'angle de la Canebière et du boulevard Garibaldi).

Le no 9 (1860), ancien **palais de la Bourse**, accueille la chambre de commerce et d'industrie de Marseille. L'architecte Pascal Coste en a conçu l'imposante galerie de colonnades à l'étage et les fenêtres à arcades au rez-de-chaussée.

Le palais de la Bourse

❸ Le musée d'Histoire de Marseille✦✦

Encore un musée qui a profité des festivités de 2013 pour se moderniser ! Il surplombe ce qui fut le premier port de Marseille, dont on peut voir les pierres d'origine dans le jardin des Vestiges, aujourd'hui rebaptisé **Port antique.** Derrière la façade en verre du musée, 2 600 ans d'histoire défilent en treize séquences interactives, depuis les origines de la ville jusqu'à la Marseille du XXIe s. À ne pas manquer : les restes d'une barque de pêcheurs du VIe s. av. J.-C.

Centre Bourse, 2, rue Henri-Barbusse, 1er arr. • ☎ 04 91 55 36 00 • www.musee-histoire-marseille-voie-historique.fr • Mar.-dim. 9h-18h (19h de mi-mai à mi-sept.), ouv. lun. de Pâques et de Pentecôte, f. 1er janv., 1er mai et 25 déc. • Entrée musée + Port antique : 6 € (gratuit 1er dim. du mois).

❹ L'église Saint-Cannat✦

La façade baroque de cet ancien couvent dominicain cache une nef de style gothique méridional et un chœur Renaissance. À remarquer aussi, une grille en fer forgé du XVIIIe s. à l'entrée du baptistère (à gauche), le buffet du grand orgue daté de 1742 et deux tableaux de Michel Serre : *La Présentation de Jésus au Temple* et *Le Purgatoire.*

4, rue des Prêcheurs, 1er arr. • 04 91 90 85 47 • Lun., jeu. 9h-13h, mer. 9h-19h, mar., ven. 9h-12h.

5 Le cours Belsunce✦

L'ancienne promenade imaginée par Pierre Puget à la fin du XVIIe s. est un melting-pot social, ethnique et culturel. Autrefois fréquentée par les bourgeois, elle est devenue un quartier d'immigration et de commerce qui a vu fleurir les boutiques discount, les galeries, le centre commercial Bourse… et les vendeurs à la sauvette ! Rendu aux piétons depuis la réouverture du tramway, le cours est encore en train de changer de visage… N'oubliez pas de lever les yeux : il reste sur les façades de très jolis détails du temps de sa splendeur.

La bibliothèque de l'Alcazar

La marquise Art déco de l'entrée est le seul vestige de ce music-hall mythique créé en 1857. Maurice Chevalier, Yves Montand, Fernandel ou Johnny Hallyday s'y sont produits avant sa fermeture en 1966 puis sa démolition. Adrien Fainsilber (Cité des Sciences et de l'Industrie et Géode à Paris) a élevé à la place une bibliothèque de verre et d'acier.

Bibliothèque municipale à vocation régionale (BMVR) • 58, cours Belsunce, 1er arr. • 04 91 55 90 00 • www.bmvr.marseille.fr • Mar.-sam. 13h-18h • Accès libre.

La porte d'Aix

Dans le prolongement du cours Belsunce, remontez la rue d'Aix jusqu'à l'arc de triomphe construit en 1839 qui marque l'entrée nord de Marseille. Son arche, sans ouverture latérale, est unique. À l'intérieur, jetez un œil aux bas-reliefs d'Étienne-Jules Ramey et de Pierre-Jean David.

Pause sucrée : Plauchut

La pâtisserie vieille de deux siècles (créée en 1820) est un vrai petit bijou orné de fresques aux murs et de stucs au plafond. Les vitrines laissent une grande place aux spécialités provençales : croquets marseillais, pompes à l'huile, calissons, navettes… et aux spécialités maison, tel ce mystérieux Baiser marseillais (4 € env.), simple bouchée de ganache au chocolat en hiver. Quelques petites tables attendent, au fond du magasin, les gourmands qui veulent profiter du décor rococo.

1 plan D3 • *168, la Canebière, 1er arr. • 04 91 48 06 67 • www.plauchut.com • Mar.-dim. 8h-19h30.*

Saint-Vincent-de-Paul (Les Réformés)

6 Le Mémorial de la Marseillaise✦

Revivez l'histoire de la Révolution dans ce musée multimédia très ludique, installé dans l'ancienne salle du Jeu de paume. C'est ici que fut constitué le corps des fédérés marseillais, qui partirent ensuite à Paris en entonnant le chant de l'armée du Rhin, la future *Marseillaise*. La boutique du Mémorial dispose d'une bonne librairie dédiée à la Révolution.

23-25, rue Thubaneau, 1er arr. • 04 91 55 36 00 • www.musee-histoire-marseille-voie-historique.fr • Mar., ven. 9h-12h30 et 13h30-17h • Entrée libre • F. temporairement..

7 Les Variétés✦✦

Inauguré en 1856, cet ancien café-concert a eu plusieurs vies (salle de théâtre, d'opérette et de music-hall) avant de devenir un cinéma dans les années 1950. Classé X en 1975, il se convertit en salle d'art et d'essai en 1999. Depuis sa rénovation, l'endroit dispose de 7 salles de projection, d'un bar-confiserie ainsi que d'un espace en libre accès avec des prises, pour travailler ou bouquiner.

37, rue Vincent-Scotto, 1er arr. • www.lesvarietes-marseille.com • Facebook : Cinéma les Variétés • T.l.j. 13h-22h • Entrée : 9,80 €.

8 Le théâtre du Gymnase✦

Ce très beau théâtre à l'italienne de près de 700 places a fêté son bicentenaire en 2004. Il partage sa programmation et son directeur, Dominique Bluzet, avec le théâtre du Jeu de Paume d'Aix et le Grand Théâtre de Provence. Acteurs et metteurs en scène du théâtre contemporain s'y retrouvent : Alfredo Arias, Jean-Michel Déprats, Jean-Claude Carrière, Jean-François Balmer, Simon Abkarian, Isabella Rosselini… Actuellement en rénovation (a priori jusqu'en 2024), il programme ses spectacles au théâtre municipal de l'Odéon et à l'Opéra municipal.

4, rue du Théâtre-Français, 1er arr.
• ✆08 2013 2013 • www.lestheatres.net
• Billet : de 9 à 45 €.

9 L'église Saint-Vincent-de-Paul (Les Réformés)✦✦

Son véritable nom est Saint-Vincent-de-Paul, mais les Marseillais l'appellent l'**église des Réformés,** car elle est située sur l'emplacement d'un ancien couvent d'augustins réformés. Lorsque l'on vient de la Canebière, on est impressionné par sa façade néogothique, plantée en haut à droite de la célèbre avenue. Une fière statue de Jeanne d'Arc, signée Botinelly, trône sur le parvis.

8, cours Franklin-Roosevelt, 1er arr. • ✆04 91 48 57 45 • www.marseille.catholique.fr
• Lun.-sam. 8h-20h, dim. 9h-19h
• Accès libre.

Restos | Bars | Hôtels | Shopping | Activités

Restos Bistrots

Une Table au Sud

Provençal, fusion 2 Plan 17

Parti s'occuper des cuisines de l'hôtel Intercontinental, Lionel Lévy a laissé les rennes de ce restaurant au jeune chef Ludovic Turac. Accompagné de sa femme sommelière, l'enfant du pays, connu pour son passage au concours *Top Chef*, reprend le flambeau en revisitant les spécialités régionales : son aïoli se présente sous la forme d'une *focaccia* toastée à l'huile d'olive garnie de légumes crus et de rillettes de cabillaud. Volontairement courte, la carte propose aussi crabe XXL, ris de veau ou loup sauvage. Un très bon rapport qualité/prix dans un établissement feutré souvent fréquenté le midi par les costumes-cravates.

2, quai du Port, 2e arr. • M° Vieux-Port • ☏04 91 90 63 53 • www.unetableausud.com • Mar.-sam. 12h-13h30 et 19h30-21h30, dim. 12h-14h30 • Menu midi (en sem.) : 39 €; menu dîner : à partir de 78 €.

Torréfaction Noailles

Confiseur 3 Plan D3

Un petit creux ? Arrêtez-vous chez Noailles, une boutique à la déco années 1930 dont les rayons regorgent de confiseries, chocolats et biscuits en tout genre. Au comptoir, vous pourrez commander un petit déjeuner complet le matin (6 € env. café/jus d'orange/viennoiserie), ou vous contenter d'un café le reste de la journée. Côté gourmandises, essayez donc les Marseillottes, un nougat tendre à l'anis et à la fleur d'oranger enrobé de cacao.

56, la Canebière, 1er arr. • M° Noailles • ☏04 91 55 60 66 • www.noailles.com • Lun.-sam. 7h-19h, dim. 10h-18h.

Sur le Pouce

Couscous 4 Plan C3

Le couscous, c'est la spécialité d'Abdou et de son frère, installés en plein Belsunce depuis 1985. Dans une grande salle rouge et jaune en pleine ébullition le midi, ils servent des assiettes débordantes de semoule, de légumes et de bouillon. Et vous resservent jusqu'à plus faim. L'après-midi, les habitués reviennent pour un thé à la menthe accompagné d'une pâtisserie pleine de miel. L'établissement ne sert pas de vin, mais libre à vous d'apporter votre bouteille !

2, rue des Convalescents, 1er arr. • M° Colbert • ☏04 91 56 13 28 • T.l.j. 12h-15h30 et 18h-23h • Couscous : à partir de 6 €.

La Boîte à Sardine

Poissons 5 Plan D3

Un cabinet de curiosités rempli de filets de pêche et de centaines de boîtes de sardines : voilà pour le décor ! Attablez-vous dans ce restaurant de poisson et laissez-vous guider par les conseils de Fabien. À la carte ? La pêche du jour : loup, baudroie, sole, calamars, plateaux de fruits de mer… et même des anémones. Le tout accompagné de panisses et de légumes de saison.

2, bd de la Libération, 1er arr. • M° Réformés-Canebière • ☏04 91 50 95 95

Torréfaction Noailles

• www.laboiteasardine.com • Mar.-sam. 12h-15h, jeu.-ven. 19h30-21h30 • Poisson du jour : 16-30 €.

Pâtisserie d'Aix

Pâtisserie 6 Plan C3

On dévore d'abord du regard l'impressionnante variété de gâteaux bien alignés qui trônent en vitrine de cette pâtisserie-salon de thé orientale. Cornes de gazelle, *makrout*, beignets, baklavas se dégustent avec le traditionnel thé à la menthe. Pendant le ramadan, le salon de thé est fermé mais la vente de gâteaux au détail continue (f. ven. entre 12h et 14h).

Les Délices • 2, rue d'Aix, 1er arr. • M° Colbert • 04 91 90 12 50 • Mar.-dim. 6h-20h • Corne de gazelle : 1,50 €.

Hôtels B&B

Hôtel Hermès

Hôtel classique, avec rooftop Plan I7

Vingt-neuf chambres simples et confortables juste à l'arrière du Vieux-Port. Coup de cœur pour la chambre nuptiale (135 €) conçue comme une cabine de bateau. Dès que le temps le permet, n'hésitez pas à profiter du toit-terrasse : le panorama est à couper le souffle.

2, rue Bonneterie, 2e arr. • M° Vieux-Port • 04 96 11 63 63 • www.hotelmarseille.com • 95 €; petit déj. : 9 €.

La Résidence du Vieux-Port

Hôtel de luxe Plan I7

Le design des années 1950 façon Le Corbusier conjugué au confort moderne : voilà à quoi ressemblent les chambres de cette résidence du groupe Splendia. La plupart ont une terrasse donnant sur le Vieux-Port : magique à toute heure! On aime aussi le salon-bibliothèque avec ses vitraux et sa banquette multicolore.

18, quai du Port, 2e arr. • M° Vieux-Port • 04 91 91 91 22 • www.hotel-residence-marseille.com • À partir de 160 €; petit déj. : 18 € ou 20 € en chambre.

Grand Hôtel Beauvau - MGallery

Hôtel de luxe Plan I7

Le plus vieil hôtel de Marseille, du groupe Accor, jouit d'une situation centrale sur le Vieux-Port. Ses chambres tout confort, où Chopin et Lamartine ont séjourné, ont le charme de l'ancien en plus. Ambiance feutrée, room service aux petits soins et terrasse avec vue!

4, rue Beauvau, 1er arr. • M° Vieux-Port • 04 91 54 91 00 • www.mgallery.com ou www.accorhotels.com • 140-220 €; petit déj. : 25 €.

Hôtel Mercure Centre Vieux-Port

Hôtel tout confort Plan I6

Cet hôtel de 200 chambres est très bien placé pour profiter du centre-ville de Marseille. Les chambres sont spacieuses et silencieuses, l'accueil est top et la table du petit déjeuner très gourmande. Le plus ? La vue panoramique et plongeante côté cour sur les vestiges du musée d'Histoire de Marseille.

1, rue Neuve Saint-Martin, 1er arr. • M° Vieux-Port ou Colbert • 04 96 17 22 22 • www.mercure.com • À partir de 100 € ; petit déj. : 19 €.

Shopping Cadeaux

L'Eau de Cassis

Parfums 1 Plan I8

1851 : Lorenzo Salvaire invente une authentique eau de Cologne à base de verveine citronnée baptisée « l'Eau de Cassis ». Aujourd'hui, son arrière-arrière-petit-fils a fait de cette Cologne et de ce nom un business florissant à base d'eau de parfums, de Cologne, de parfums d'ambiance, de bougies et de savons. Tout est encore réalisé dans la région à base de molécules naturelles. Le décor de la boutique joue sur les codes du luxe avec de grandes bonbonnes remplies de parfum, des murs sombres et une banquette pour prendre le temps de choisir son parfum.

1, rue Pythéas, 1er arr. • M° Vieux-Port • 09 81 61 16 72 • www.leaudecassis.com • Lun.-sam. 10h-13h et 14h30-19h (sans interruption en été) • 62 € les 100 ml ; 40 € les 40 ml.

Marseille en Vacances

Cadeaux 2 Plan I7-8

« No cagole », « Respect Marseille », « Mon p'tit haut noir marseillais » : les inscriptions des tee-shirts créés par la société Un Été en vacances ne manquent pas d'humour. Dans la boutique, les messages pleuvent sur les bonnets, bobs et casquettes, les tee-shirts avec ou sans manches (à partir de 24 €), les sweats d'hiver, les mugs, les magnets, la bagagerie et les coques de téléphone.

7, rue Bailli-de-Suffren, 1er arr. • M° Vieux-Port • 04 91 54 73 17 • www.uneteenvacances.com • Lun.-sam. 10h-19h.

Space

Costumes 3 Plan D3

Vous vous souvenez du film *Mesrine* de Jean-François Richet ? C'est Georges, le patron de Space, qui a fourni la plupart des costumes du film ! Selon les arrivages, il est possible de tomber sur des robes vintage (à partir de 29 €), un foulard Céline (38 €), une petite veste Chanel ou Jean-Paul Gaultier, des pantalons trompette, des blouses *fifties*, des cuirs *seventies*, des cravates, des lunettes de soleil façon Catwoman, etc. Un choix impressionnant pour hommes, femmes et enfants.

2, rue de la Grande-Armée, 1er arr. • M° Réformés-Canebière • 04 91 62 92 97 • www.spacevintage.net • Mar.-sam. 11h-13h et 15h-20h.

Maison Mère

Mode

4 Plan 16

Driss et Cyril, deux passionnés de sneakers et de culture US, ont créé cette friperie en 2017. C'est immense, joliment agencé et ça regorge de pépites : des jeans Lee et Levi's made in America, des bleus de travail Usinor (25 €), des vestes militaires, des robes rétro et plein de sneakers dans un état impeccable. Entre l'homme et la femme, Maison Mère a même aménagé un coin enfants !

25, rue de la République, 2e arr. • M° Vieux-Port • Mar.-sam. 10h-19h.

Maison Mère

LE PORT DE MARSEILLE

Au fil des siècles, la vitalité de l'activité portuaire, poumon économique de la ville, ne s'est jamais démentie. Dès l'Antiquité, Marseille est la première cité grecque à établir des relations commerciales au-delà du détroit de Gibraltar. Malgré les difficultés économiques, Marseille-Fos a réussi à maintenir son titre de premier port de France. Des milliers de marchandises et de croisiéristes y transitent chaque jour.

Le premier port de France

Passé l'Antiquité, Marseille vit pleinement l'épopée des croisades en devenant le port principal d'embarquement vers la Palestine. La ville s'ouvre ensuite au grand commerce dès la fin du XVIIe s., grâce à son statut de port franc décidé sous Louis XIV, qui l'exempt de taxes sur les marchandises. La colonisation entreprise à partir de 1830, puis le percement du canal de Suez en 1869 seront décisifs pour l'économie marseillaise. Les échanges s'intensifient avec l'Orient, et Marseille devient, à la fin du XIXe s., le quatrième port mondial et le premier port national regroupant, à elle seule, plus de la moitié de la flotte marchande française. À partir du XVIIe s., la renommée du **savon de Marseille** donne un coup d'accélérateur à l'activité industrielle du port. La cité phocéenne devient une plateforme incontournable

Le fort Saint-Jean, à l'entrée du Vieux-Port

dans l'importation des graines oléagineuses d'Afrique et d'Orient qui entrent dans la composition du savon : jusqu'en 1914, les cours mondiaux des oléagineux sont même fixés à la Bourse de Marseille ! Après la Seconde Guerre mondiale, les hydrocarbures vont remplacer les huileries traditionnelles en fort déclin depuis l'apparition des poudres à laver. En 1974, ils constituent près de 90 % de l'ensemble du trafic portuaire. Aujourd'hui, malgré les deux chocs pétroliers, les hydrocarbures font toujours la richesse de la ville et Marseille-Fos est encore le 3ᵉ port mondial dans ce secteur. Résultat : le port génère un trafic commercial de 82 millions de tonnes de marchandises par an et quelque 41 500 emplois.

L'éloignement de la ville

Dès la seconde moitié du XIXᵉ s., le centre de gravité de l'activité portuaire de Marseille se déplace du Vieux-Port vers le nord et les **quartiers de la Joliette et d'Arenc.** L'extension se poursuit au XXᵉ s. : le port atteint l'**étang de Berre** dans l'entre-deux-guerres, puis **Fos-sur-Mer** à la fin des années 1960 avec la construction d'immenses bassins réservés aux pétroliers géants. Pour centraliser l'ensemble des activités portuaires, le **Port autonome de Marseille** (PAM) est créé en 1966. Le port de Marseille couvre désormais près de 70 km de côte, de Port-Saint-Louis-du-Rhône jusqu'aux abords du **Vieux-Port** (p. 20).

L'essor des croisières

Parallèlement à son activité commerciale et industrielle, Marseille joue un rôle important dans les **liaisons maritimes.** La ville avait doublé en 5 ans le nombre de passagers en escale. Marseille était ainsi rentrée dans le **top 5 des ports de croisière en Méditerranée** et dans le top 15 mondial, devant New York. En 2019, le port a accueilli 1,86 millions de passagers. La crise sanitaire a bien sûr énormément freiné ce traffic, avec environ 130 000 passagers en 2020. ■

La pêche au pointu

Qu'on l'appelle pointu ou barquette marseillaise, cette jolie barque traditionnelle en bois est toujours amarrée sur les quais du Vieux-Port et ce depuis le début du XXᵉ s. Utile pour la pêche côtière, sa forme effilée s'arrondit à l'avant et permet de bien prendre la vague sans perdre sa stabilité : elle est peu profonde, mais peut mesurer jusqu'à 8 m de long ! Aujourd'hui, les barques sortent davantage des petits ports marseillais pour la plaisance que pour la pêche professionnelle, même si une trentaine de marins pêcheurs l'utilisent encore. Tous les pointus ont adopté le moteur, mais une centaine d'entre eux sont encore équipés de leur mât, juste pour le plaisir d'entendre, comme autrefois, le bruit du vent s'engouffrer dans la voilure.

UNE HISTOIRE D'INFLUENCES

On la dit rebelle, on la découvre accueillante. La plus vieille ville de France, fondée il y a plus de 2600 ans, est passée d'abord entre les mains des Grecs, puis des Romains, des Bourguignons et des Provençaux avant de devenir finalement « française ». Une histoire qui explique sa nature irréductiblement frondeuse et son identité : marseillaise avant tout !

La fondation : Protis et Gyptis

Les Marseillais aiment raconter que leur ville est née d'une **histoire d'amour** : en 600 av. J.-C., la cité grecque de Phocée envoie une expédition commandée par Protis. Son but ? Explorer les côtes méditerranéennes pour fonder des comptoirs commerciaux. Quand les Grecs débarquent, la région est déjà habitée par une tribu ligure, dont le roi est sur le point de marier sa fille, Gyptis. C'est elle qui doit choisir son époux : remarquant Protis, elle jette son dévolu sur le mystérieux étranger. De l'union de la Ligure et du Phocéen naquit Massalia. C'est sur cette histoire semi-légendaire que naît le mythe fondateur de Marseille : le **métissage.**

Une cité de caractère

Apaisée en temps de guerre, rebelle en temps de paix, Marseille a, tout au long de son histoire, cultivé son **esprit d'indépendance.** Dès l'Antiquité, alors que Rome soumet tout le Bassin méditerranéen, la vieille cité phocéenne traite d'égale à égale avec sa puissante voisine. Au Moyen Âge, Marseille attise la convoitise des provinces alentour, mais parvient à garantir son autonomie et réussit à établir un gouvernement indépendant en 1224, véritable camouflet aux institutions féodales, qui durera plus de 20 ans. Rattachée au royaume de France,

La grande peste de 1720

La peste avait disparu du royaume de France depuis près d'un siècle lorsqu'en mars 1720, un navire porteur de la maladie, le *Grand-Saint-Antoine,* entre en rade de Marseille. L'épidémie se déclare aussitôt et se développe rapidement. La ville est mise en quarantaine, les routes sont fermées et les habitants confinés dans la cité. Sacrifiée à l'intérêt national, Marseille paie un lourd tribut : entre 40000 et 50000 personnes meurent de l'épidémie. Mais grâce aux grandes vagues d'immigration qui repeuplèrent la ville, Marseille put se relever de ce qui fut la dernière épidémie de peste en Europe.

Fort Saint-Nicolas

Marseille reste fidèle à la couronne pendant la Fronde mais cultive son originalité en s'opposant au pouvoir royal alors que le pays est apaisé. Louis XIV assiège la ville en 1660 et met fin à ses velléités de rébellion, le **fort Saint-Jean** (p. 53) et le **fort Saint-Nicolas** (p. 112) attestant de l'autorité royale sur la ville.

Le développement de la ville

Jusqu'à Louis XIV, les limites de la ville évoluent peu. En 1666, quand le roi décide l'accroissement de l'antique cité phocéenne, tout change : l'ancien rempart est démoli et la surface de la ville triple. Tout est organisé autour du **cours Belsunce** (p. 23) : bordé d'une double rangée d'arbres, il est alors considéré comme le plus beau cours d'Europe, avec des hôtels particuliers aussi prestigieux que l'hôtel Pesciolini (1, rue Nationale). Plus belle, la ville devient aussi plus riche quand Colbert la déclare port franc en 1669 : elle profite de son monopole commercial avec les pays du Levant, agrandit son arsenal et devient une grande métropole.

Marseille, port d'accueil

Les XIXe et XXe s. sont marqués par une forte progression économique et démographique. De 100 000 habitants en 1789, Marseille passe à plus de 400 000 en 1900, principalement grâce à l'immigration. En effet, à la fin du XIXe s., conséquence de la colonisation, la ville accueille par centaines de milliers des hommes et des femmes du monde entier. D'**innombrables nationalités** se croisent dans celle que l'on appelle alors la capitale de l'empire colonial français. En 1962, Marseille doit faire face à l'arrivée de 450 000 personnes rapatriées d'Algérie. Un tiers d'entre elles s'installent définitivement dans la ville, participant à sa richesse, comme tous ceux qui y ont débarqué depuis des siècles.

LE PANIER ET LA VIEILLE-CHARITÉ

2

Ce village historique, perché sur une colline adossée au Vieux-Port, a gardé son âme provençale et populaire. Ses rues sont pentues et escarpées, ses maisons colorées, du linge pend aux fenêtres, les artisans travaillent portes ouvertes et les minots jouent au football sur ses places... Impossible de ne pas tomber sous le charme de ce spectacle ! Au cœur du quartier, la Vieille-Charité mérite un arrêt : dans cet ancien hôpital de style baroque construit par Pierre Puget, le temps semble suspendu.

Ruelle du Panier

1 L'hôtel de ville✦

Avec la Maison diamantée (ci-dessous), c'est le seul édifice du Vieux-Port épargné par les bombardements allemands de 1943. Décidé par Louis XIV, qui a son buste sur la façade, l'hôtel de ville est de style baroque, sa pierre rose étant typique des monuments de l'Ancien Régime à Marseille. N'hésitez pas à faire le tour du bâtiment : à l'arrière, une belle arcade construite à la fin du XVIIIe s. relie l'hôtel de ville, devenu trop petit, à sa nouvelle annexe rue de la Loge.

Quai du Port, 2e arr. • 04 91 55 11 11 • www.marseille.fr • Ne se visite pas.

2 La Maison diamantée✦

Elle doit son nom à sa façade à bossages en pointes de diamants. Cet hôtel particulier du XVIe s. est un des rares édifices de son époque avec l'**hôtel de Cabre** (27 bis, Grand-Rue) à avoir échappé aux bombardements allemands de 1943, lors de la Seconde Guerre mondiale. Classée Monument historique depuis 1925, elle fut le siège du musée du Vieux Marseille, dont les collections ont été récupérées par le musée d'Histoire de Marseille (p. 22).

3, rue de la Prison, 2e arr. • Ne se visite pas.

3 Le musée des Docks romains✦

On les croirait faites pour des géants, ces *dolias* (amphores) en céramique qui servaient au stockage de l'huile et du vin. Témoignage des anciens entrepôts romains situés sur le Vieux-Port, on les retrouva pendant les fouilles entreprises en 1947, juste avant la reconstruction du quartier. Le musée expose également des épaves de bateaux ainsi qu'une touchante mosaïque du IIIe s. apr. J.-C. Elle représente une baigneuse, si bien rendue que l'on peut voir jusqu'aux reflets de sa peau !

10, pl. Vivaux, 2e arr. • ✆ 04 91 91 24 62 • www.musee-histoire-marseille-voie-historique.fr • Mar.-dim. 9h-12h30 et 13h30-18h • Accès libre • F. temporairement.

4 La montée et le clocher des Accoules✦✦✦

La **montée des Accoules**, une ruelle typique du Panier, débute place de Lenche et s'achève place Daviel. Ses maisons ne sont pas toujours très droites, certaines attendent encore une réhabilitation qui tarde.

Préau des Accoules

Au no 29, la façade du **Préau des Accoules** ne laisse rien paraître de la splendeur intérieure de cet ancien collège jésuite du XVIIe s., remanié au XVIIIe s. et transformé en espace de création et d'exposition pour les enfants. Sous les voûtes plusieurs fois centenaires de l'ancienne salle de réunion de l'Académie de Marseille, ils

Pause sur le pouce : Maison Geney

« Salé. Sucré. Cuisiné. » : en trois mots écrits sur la façade, tout est dit. Dès l'ouverture, les habitués viennent chercher leur café à emporter accompagné d'une brioche aux pralines. Le midi, place à la *focaccia* ultragénéreuse (5 € env.) ou, pour se donner bonne conscience, à un beau choix de salades de saison et de soupes réconfortantes. Quant à l'accueil ? Il est charmant et souriant.

7 plan H7 • *38, rue Caisserie, 2e arr. • ✆ 04 91 52 44 82 • Facebook : Maison Geney • Mar.-sam. 9h30-18h.*

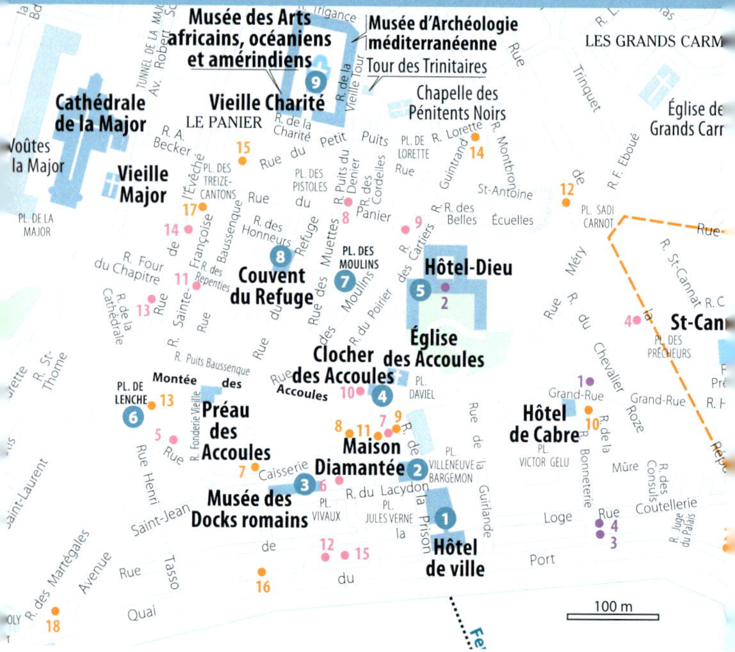

découvrent des artistes en chair et en os, peuvent contempler leurs œuvres superbement mises en valeur et jouer à « Si j'étais conservateur de musée… ». Le Préau organise régulièrement des animations, concerts et ateliers.

Clocher et église des Accoules

La flèche rose du clocher de **l'église des Accoules** domine le quartier. En descendant vers la **place Daviel**, on passe devant cette église et sa crypte en faux rochers du XIXe s., plutôt kitsch.

Préau des Accoules : *29, montée des Accoules, 2e arr. • ☏04 91 91 52 06 • http://preau-des-accoules.marseille.fr • Visite libre : mar.-sam. 16h-18h (sf mer. pdt vac. scol.); visite commentée : à 14h mer. et sam. (t.l.j. pdt vac. scol.) uniquement sur inscription par tél.; f. lun. sf lun. de Pâques et de Pentecôte, f. dim., 1er janv., 1er mai, 1er et 11 nov. et 25-26 déc. • Entrée libre.*

Église : *Entrée pl. Daviel, 2e arr. • ☏04 91 90 01 82 • Mar.-sam. 14h-18h30.*

5 L'hôtel-Dieu✦✦

Les Marseillais sont très attachés à cet ancien hospice médiéval qui fut reconstruit au XVIIIe s. puis agrandi sous le Second Empire. Jusqu'en 1993, ils venaient encore ici se faire soigner. Devenu hôpital universitaire, il ferme ses portes définitivement en 2006. Rénové et classé Monument historique, l'Hôtel-Dieu s'est depuis transformé en palace. Faites comme les nostalgiques et offrez-vous le luxe d'un café sur sa grande terrasse ! La vue sur la Bonne Mère et le Vieux-Port est magnifique.

Hôtel Intercontinental* • *1, pl. Daviel, 2e arr.* • *04 13 42 42 42* • *www.marseille.intercontinental.com

6 La place de Lenche✦

Pour se faire une idée de l'ancienne agora grecque qui se trouvait ici, il faut imaginer la place sans les immeubles modernes au sud qui bouchent la vue sur le Vieux-Port. Elle tire son nom d'un riche négociant venu de Corse en 1553 pour fonder la Compagnie du corail. Comme beaucoup d'autres commerçants enrichis par leurs activités portuaires, il construisit un hôtel particulier au n° 4 de la place, aujourd'hui le **théâtre de Lenche**. Avec ses cafés et ses restaurants, c'est l'un des coins les plus animés du Panier.

Hôtel-Dieu

7 La place des Moulins✦

Cette jolie place ombragée est le point culminant du Panier. Autrefois, une quinzaine de moulins à vent y tournaient. Ils ont disparu (sauf un transformé en maison), mais pas l'énorme citerne d'eau cachée dessous. Entourée de bancs, de platanes, d'une fontaine et d'une école communale, cette place villageoise est sans conteste la plus agréable du quartier, même si elle peut aussi se montrer peu recommandable le soir. Poursuivez la balade en empruntant l'escalier vers la rue des Muettes, puis la rue Savarelli et la rue des Honneurs. À gauche : la traverse Baussenque ramène à l'ancien couvent du Refuge.

8 Le couvent du Refuge✦

Aujourd'hui, c'est une bibliothèque et un centre social, mais aux XVIIe et XVIIIe s., cet ancien couvent « soignait » les « brebis galeuses » : les prostituées, mais aussi les femmes adultères et les concubines. Elles entraient côté rue du Déshonneur (depuis rebaptisée rue des Honneurs) et en ressortaient par la rue des Repenties ! La cour intérieure de la bibliothèque, bordée d'une galerie à arcades, vaut le détour.

Bibliothèque du Panier, pl. du Refuge, 2e arr. • ☎ 04 13 94 82 30 • Mar., jeu.-ven. 13h-18h, mer. 10h-13h et 14h-18h (à vérifier sur www.bmvr.marseille.fr/horaires-des-bibliotheques).

9 La Vieille-Charité✦✦✦

Ce magnifique édifice du XVIIe s. revient de loin. Hôpital des pauvres, puis asile pour enfants et vieillards, le bâtiment fut progressivement laissé à l'abandon au début du XXe s. Le cri d'alarme de Le Corbusier, puis son inscription aux Monuments historiques et la loi Malraux sur la sauvegarde du patrimoine le sauvèrent de la démolition. Il dut cependant subir dix-huit ans de restauration, de 1968 à 1986, avant de retrouver toute sa splendeur et d'accueillir désormais deux musées et des expositions temporaires.

Pierre Puget, l'enfant du pays

Né en 1620 dans le quartier du Panier à Marseille, Pierre Puget a commencé la sculpture dès l'âge de 14 ans. À 18 ans, il part en Italie peaufiner sa technique en peinture et décoration. Tout à la fois architecte, peintre et sculpteur, il marqua fortement l'art français du XVIIe s. en réalisant de nombreuses commandes à Toulon, mais aussi à Versailles et à Gênes (Italie). À Marseille, il réalise l'hôpital de la Vieille-Charité, l'un de ses chefs-d'œuvre. Quelques sculptures et peintures de l'artiste sont également exposées au musée des Beaux-Arts de Marseille.

Terrasses du Panier, rue des Pistoles

Le bâtiment

Dès 1640, le Conseil de la ville choisit un terrain – près de ce qui est aujourd'hui la cathédrale de la Major – pour y construire un hôpital des pauvres et des mendiants, comme le veut la politique royale. L'architecte du roi, Pierre Puget (encadré ci-contre), ne met son projet en route qu'en 1671. Le bâtiment, réalisé en pierres roses et blanches, se compose de quatre ailes rectilignes formant un espace fermé avec une cour intérieure. Des galeries en arcades en rythment les trois niveaux. Une chapelle baroque, magnifiée par un dôme ovoïde, occupe le centre de la cour. Sur son fronton, réalisé près de deux siècles plus tard, la Charité, entourée de deux pélicans, symboles de la fertilité, accueille les enfants.

Le musée d'Archéologie méditerranéenne (M.A.M.)

Installé depuis 1989 au sein de la Vieille-Charité, ce musée permet de se repérer facilement car la muséographie fait coïncider chaque salle et son époque : un grand mur de temple pour l'époque égyptienne, un lion à l'entrée des salles dédiées à la Grèce... La collection égyptienne, très riche (2e fonds de France, juste après celui du Louvre), contient des pièces remarquables et retrace l'histoire de l'ancien Empire jusqu'à l'époque copte. Au fil des salles, on admire de petites statues et des instruments de musique chypriotes,

une amusante figurine d'acteur comique grec, de beaux vases égyptiens en marbre et albâtre...

Le musée des Arts africains, océaniens et amérindiens (M.A.A.O.A.)

Dans une lumière tamisée, les civilisations défilent avec leurs spécificités. L'art primitif se dévoile en os, dents, plumes et cheveux dans la salle Henri-Gastaut, qui regroupe des crânes sculptés, peints ou gravés d'Océanie. Parmi les merveilles de ces trois civilisations, on trouve de nombreux masques africains, dont la technique varie d'un pays à l'autre, et de beaux arbres de vie mexicains dans les vitrines de la collection Reichenbach. Dans la même salle, amusez-vous à reconnaître les tableaux de peintres célèbres revisités par des artistes amateurs mexicains : Picasso, Botticelli, Van Gogh... un détournement amusant !

Un havre de paix et de douceur

Le rez-de-chaussée du bâtiment abrite le **Centre international de poésie de Marseille,** qui propose expositions, rencontres et ateliers autour de la poésie contemporaine. Sa bibliothèque de 40 000 ouvrages de poésie est ouverte au public. On trouve aussi au rez-de-chaussée le Charité Café, un salon de thé parfait pour profiter de la sérénité des lieux.

2, rue de la Charité, 2e arr. • www.vieille-charite-marseille.com • Mar.-dim. 10h-18h (19h de mi-mai à mi-sept.), ouv. lun. de Pâques et de Pentecôte, f. 1er janv., 1er mai, 1er et 11 nov. et 25-26 déc. • Entrée : 6 € (gratuit 1er dim. du mois)

Musée d'Archéologie méditerranéenne : *04 91 14 58 97 • http://culture.marseille.fr/les-musees-de-marseille/musee-d-archeologie-mediterraneenne*

Musée des Arts africains, océaniens et amérindiens : *04 91 14 58 38 • http://maaoa.marseille.fr*

Centre international de poésie de Marseille : *http://cipmarseille.fr • Accès libre.*

Restos Bistrots

L'effet Clochette

Bistrot, poissons 8 Plan H7

Sa terrasse ombragée et ses chaises colorées vous happent avant même d'entamer la montée des Accoules. Ici, on vous servira une cuisine fraîche, familiale et sans prétention à base de poissons, de pâtes, de panisses et de grandes salades (environ 16 €). À l'heure de l'apéro, essayez l'assiette de bulots à l'aïoli (8 € env.), une spécialité !

2, rue Caisserie, 2e arr. • M° Vieux-Port • 06 20 93 00 24 • T.l.j. 12h-17h, mer.-dim. 19h-22h30 ; f. déc.-fév. • Vin : 5 € les 25 cl.

Cup of Tea

Salon de thé 9 Plan H7

Gilles et Nathalie Mariani tiennent un salon de thé-librairie très sympa où l'on feuillette les livres des éditions Actes Sud. À la carte : une cinquantaine de thés, mais aussi du café et des pâtisseries. Le midi, l'endroit sert une petite restauration, et le soir, à l'heure de l'apéritif, on sort du vin et de la bière corse ! L'intérieur tout en bois est petit et vite rempli. On a vite fait de discuter avec ses voisins !

1, rue Caisserie, 2e arr. • M° Vieux-Port • 04 91 90 84 02 • Jeu.-lun. 10h-18h • Thé : 3,50-5,50 €.

Chez Fanny

Chez Fanny

Street food

10 Plan I7

Difficile de ne pas tomber sous le charme de cette Fanny et de son comptoir de rue, idéal pour un café rapide (2 € env.). Dès 9h, l'équipe s'active pour mijoter le plat du jour, mariner les viandes, rôtir les légumes et frire les panisses pour confectionner salades, burgers et sandwichs. Le tout à déguster debout dans la rue accoudé au kiosque ou à emporter sur le Vieux-Port pour un pique-nique improvisé.

28, rue Bonneterie, 2e arr. • Mo Vieux-Port • ☎ 04 91 44 25 85 • Lun.-sam. 9h-17h (19h30 l'hiver) • Formule sandwich + dessert + boisson : 8 €.

Vanille Noire

Glacier

11 Plan H7

À mi-chemin entre le Vieux-Port et le Panier, ce kiosque flanqué d'une terrasse propose quotidiennement une vingtaine de parfums de glaces, sorbets et yaourts glacés. Parmi eux, l'étonnante vanille noire, au look charbonneux et au goût légèrement iodé. Et sinon ? Basilic, gingembre confit, poire, yaourt, cassate, chocolat, noisette grillée, calisson, citron de Sicile : les parfums se suivent au fil de la saison et des arrivages.

15, rue Caisserie, 2e arr. • Mo Vieux-Port • ☎ 07 77 33 68 19 • www.vanillenoire.com • T.l.j. 12h30-18h45 (ven.-sam. 23h l'été); f. nov.-fév. • Boule de glace : 3 €.

Il Cuoco

Trattoria

12 Plan I6

Sa grande terrasse ombragée redonne vie à cette place située en contrebas des marches qui mènent au Panier. Cette *trattoria* au look délicieusement rétro confectionne chaque jour des pâtes fraîches et des raviolis maison à des prix qui restent raisonnables. En bonus, l'adresse se double d'une épicerie fine et d'un comptoir pour emporter ses piadines et ses salades du jour.

5, pl. Sadi-Carnot, 2e arr. • Mo Colbert • ☎ 04 91 31 20 27 • Lun.-mer. 12h-14h30, jeu.-sam. 12h-22h30 • Plat du jour : 14-18 €.

Le Glacier du Roi

Glacier 13 Plan H7

D'origine italienne, Florence Bianchi a laissé tomber le monde du théâtre pour se consacrer aux glaces. Son obsession ? Retrouver le goût des glaces italiennes de son enfance. Dans sa boutique-atelier, on la voit turbiner toute la journée. Le résultat ? Une carte alléchante de crèmes glacées et de sorbets artisanaux tous plus addictifs les uns que les autres. On craque pour son sorbet extra fondant au chocolat et sa glace à la navette.

4, pl. de Lenche, 2e arr. • M° Vieux-Port • 04 91 91 01 16 • www.leglacierduroi.com • Avr.-sept. : mer.-lun. 10h-19h ; oct.-mi-janv. : mer.-lun. 10h-18h30 ; f. janv.-mars • Cornet : 3,50 € (1 boule).

Chez Étienne

Pizzéria 14 Plan H6

Étienne est mort en 2017 mais rien n'a ici changé : toujours pas de téléphone pour réserver ni de terminal pour payer par carte bancaire ! C'est à l'ancienne et un peu à la tête du client. Mais la pizza (aux anchois ou au fromage), incomparable et pourtant toute simple, vaut le déplacement. On goûte aussi les supions à l'ail en salade, tout en jetant un coup d'œil aux dizaines de photos de stars qui couvrent les murs du restaurant.

43, rue de Lorette, 2e arr. • M° Colbert • 06 16 39 78 73 • Lun.-mar., jeu.-sam. 12h-14h30 et 19h-22h45 • Supions frits : 20 €.

Le Glacier du Roi

Le Bar des 13 Coins

Tako San

Japonais 15 Plan H6

Marseille aime la cuisine japonaise, et les habitants du Panier ont fait de Tako San leur cantine fétiche. Ici, point de sushi ou de sashimi. À la place, vous pourrez goûter aux *takoyaki*, des bouchées grillées aux épices japonaises farcies de poulpe, de crevette ou de fromage. Au menu aussi : *onigiri, chirashi* et *bento*. En hiver, Tako San prépare également de grands bols de *ramen* le week-end : c'est un tel succès qu'il faut parfois les réserver pour être sûr d'en avoir ! L'endroit est exigu et vite rempli, mais il fait aussi de la vente à emporter.

36, rue du Petit-Puits, 2e arr. • M° Vieux-Port, bus n° 49 (arrêt Cathédrale-de-la-Major) • 06 17 62 00 19 et 09 52 84 24 84 • Jeu.-dim. 12h-14h • Takoyaki : 8-9 € les six.

Chez Madie les Galinettes

Provençal 16 Plan H7

La nouvelle Madie (Delphine Roux a repris le flambeau de sa tante) mitonne les spécialités provençales comme à la maison : daube provençale, pieds paquets, agneau, palourdes au thym, salade à l'ail, tapenade... Sa viande est excellente, et l'ambiance très conviviale. Une cuisine entre terre et mer approuvée par les Marseillais !

138, quai du Port, 2e arr. • M° Vieux-Port • 04 91 90 40 87 • Lun.-jeu. 12h-14h et 20h-22h, ven.-sam. 12h-14h30 et 20h-22h, dim. 12h-14h30 • Menu midi (en sem.) : 18 €.

Le Bar des 13 Coins

Bistrot 17 Plan H6

Les habitants du Panier, les étudiants, les artistes et les artisans qui travaillent dans le quartier prennent leur « petit noir » sur cette jolie terrasse ombragée, située sur la place des 13-Cantons (« coin » en provençal), entre la cathédrale de la Major et la Vieille-Charité. L'endroit, paisible, incite à prendre son temps en lisant son journal ou un bon roman.

45, rue Sainte Françoise, 2ᵉ arr. • Mᵒ Vieux-Port ou Colbert • 04 91 91 56 49 • T.l.j. 9h-18h (22h l'été).

Bars, clubs Sorties

Les Buvards

Bar à vins 1 Plan I7

Dans ce bistrot cosy façon cave à vins et à manger, les patrons débouchent bouteille sur bouteille. Ici, les vins sont nature, vinifiés à partir de raisins cultivés sans pesticides, et avec une fermentation sans levure. Vous n'y connaissez rien? Fiez-vous à l'avis des patrons, toujours pleins de bons conseils. À déguster avec quelques spécialités du terroir (fromages, charcuterie, andouillettes, tartares...), c'est la promesse d'une belle soirée apéro.

34, Grand-Rue, 2ᵉ arr. • Mᵒ Vieux-Port; Tram T2/T3 (arrêt Sadi-Carnot) • 04 91 90 69 98 • Mar. 10h-19h, mer.-ven. 10h-23h, sam. 16h-23h • Verre de vin : 3,50-5 €.

Le Capian

Bar chic 2 Plan H6

Au 1er étage de l'ancien hôtel-Dieu, Le Capian est le bar ultrachic de l'Intercontinental. Dans un cadre moderne inspiré par la mer et une atmosphère feutrée, on sirote un Étincelle (cocktail à base de gin, liqueur de melon, sirop de pomme verte, jus d'ananas et de citron vert) tout en profitant de l'immense terrasse et de sa vue sur la Bonne Mère. Une adresse très « palace ».

1, pl. Daviel, 2ᵉ arr. • Mᵒ Vieux-Port; Tram T2/T3 (arrêt Sadi-Carnot) • 04 13 42 42 34 • http://marseille. intercontinental.com • Mer.-ven. 18h-minuit, sam.-dim. 12h-minuit • Verre de vin : à partir de 12 €; cocktails : 19-25 €; softs : à partir de 8 €.

Le Capian

La Caravelle

Bar musical

3 Plan I7

Ce bar-restaurant chaleureux et convivial se cache au 1er étage de l'hôtel Belle Vue, face au Vieux-Port. On y vient pour l'apéro-tapas, les spécialités maison, le panorama et surtout la musique et son atmosphère cosy… Les mercredis et vendredis, La Caravelle accueille des groupes de jazz pour des soirées live très agréables. Les 5 tables de son minibalcon sont très vite prises d'assaut.

34, quai du Port, 2e arr. • M° Vieux-Port • ☎ 04 91 90 36 64 • www.lacaravelle-marseille.com • T.l.j. 7h-2h (tapas offertes 18h30-21h) • Cocktail : à partir de 10 €.

Bar de l'hôtel Hermès

Rooftop

4 Plan I7

Ça n'est pas le plus glamour ni le plus clinquant des hôtels du quartier, mais son toit-terrasse fait bien des envieux. Il réserve un panorama magique qui englobe la rade de Marseille, la Bonne Mère, le Pharo et le Mucem. Ajoutez à cela quelques concerts privés, des cocktails bien frappés et des tapas, et vous avez la recette d'un apéro mix qui se déroule toujours à guichets fermés. Attention, ouverture estivale uniquement !

2, rue Bonneterie, 2e arr. • M° Vieux-Port • ☎ 04 96 11 63 63 • www.hotelmarseille.com • Mai-sept. : mar.-sam. à partir de 18h.

La Caravelle

Shopping Cadeaux

Les Navettes des Accoules

Boulangerie 5 Plan H7

José Orsoni a troqué sa biscuiterie de gros contre cette petite boutique installée dans son quartier, le Panier. Dans l'arrière-boutique, il confectionne de très bonnes navettes parfumées à la fleur d'oranger et sans levure (14 € env./500 g), des gâteaux secs corses – *canistrelli* aux différents parfums (anis, orange…), *cucciole* au vin blanc et à l'huile d'olive – et des macarons (36 €/kg).

68, rue Caisserie, 2e arr. • M° Vieux-Port, bus n° 49 (arrêt Caisserie-Beauregard) • 04 91 90 99 42 • www.les-navettes-des-accoules.com • Lun.-sam. 9h30-19h, dim. 10h-18h.

La Boutique Marcel Pagnol

Livres, films 6 Plan H7

Folklorique et marketing? Non, authentique. Derrière cette nouvelle boutique du Panier, on retrouve Nicolas et Louis-Laurent, les deux petits-fils de l'écrivain né à Aubagne. Leur idée? Moderniser l'image de leur grand-père pour perpétuer son œuvre et réinvestir les bénéfices afin de restaurer ses films. Entre livres, DVD et BD, on trouve aussi plein d'exclusivités (des plaques émaillées et des tee-shirts « Tu me fends le cœur », des affiches sérigraphiées) et quelques raretés sorties du grenier familial.

15, rue Caisserie, 2e arr. • M° Vieux-Port, bus n° 49 (arrêt Caisserie-Beauregard) • 04 91 90 90 90 • www.marcel-pagnol.com • Lun. 14h-19h, mar.-dim. 10h-19h (horaires plus restreints en hiver) • BD : de 16 à 19 € env.

Le boom des centres commerciaux à Marseille

À la fin des années 2000, les boutiques du centre-ville n'avaient quasiment pas de concurrence, à l'exception des centres commerciaux Plan-de-Campagne et La Valentine, assez éloignés, et du petit Centre Bourse de la Canebière. Depuis quelques années, la donne a changé et les centres commerciaux urbains se sont multipliés : la tendance a commencé avec Les Terrasses du Port (p. 63), puis Les Docks (p. 62), dans le quartier de la Joliette. Dernier projet sorti de terre : l'ouverture du Prado-Vélodrome début 2018, juste à côté du stade Vélodrome (p. 143). Installées historiquement à Saint-Ferréol, les Galeries Lafayette ont quitté les lieux. Un coup dur supplémentaire pour les commerces de l'hyper-centre, qui comptent sur la réhabilitation de la rue Paradis pour riposter.

La Compagnie de Provence

Savons, bougies — 7 Plan H7

Dans un décor très design, le magasin marseillais de la Compagnie de Provence regroupe l'ensemble de ses produits, du savon à la bougie parfumée en passant par le lait corporel et l'eau de toilette. Son produit phare, le savon en bouteille de 500 ml (18 € env.), se décline en une dizaine de parfums : rose, pamplemousse, huile d'olive... Au fond de la boutique, un évier permet même de les tester avant de les acheter. Malin !

1, rue Caisserie, 2e arr. • M° Vieux-Port, bus n° 49 (arrêt Caisserie-Beauregard), tram T2/T3 (arrêt Sadi-Carnot) • 04 91 56 20 94 • www.compagniedeprovence.com • Lun.-jeu. 10h-13h et 14h-19h, ven.-sam. 10h-19h, dim. 10h-18h.

Bird Song

La Boutique Éphémère

Accessoires, déco — 8 Plan H6

Impossible de savoir à l'avance de quoi sera faite cette boutique nichée entre l'Hôtel-Dieu, la Vieille-Charité et le Mucem. Laure Tinel préfère travailler chaque saison selon ses envies et ses coups de cœur. À chaque fois, elle trouve un thème (une couleur, un conte d'enfant), s'en inspire et dégote des accessoires de mode et de maison qui s'y rapportent. Elle y expose aussi des choses qu'elle chine ou qu'elle rapporte de ses voyages. Surprenant et atypique. Attention, la boutique est souvent fermée. L'ensemble plaît tellement que la créatrice a ouvert deux adresses : Whisper, à découvrir non loin au 48, rue Saint-Laurent (plan G7) (ven.-lun. 10h-19h), et de l'autre côté du port : Le 116, au 116 rue Sainte (plan H8).

20, rue du Panier, 2e arr. • M° Vieux-Port, bus n° 55 et tram T2/T3 (arrêt Sadi-Carnot) • 04 91 45 47 51 ou 06 09 83 86 51 • www.laboutiqueephemere.fr • Horaires variables, téléphoner avant.

Bird Song

Mode — 9 Plan H6

Bird Song, c'est la styliste My-Linh Mary. Après des débuts à Paris chez Zara et Antik Batik, elle s'est installée à Marseille en 2011 pour imaginer des collections féminines à l'esprit ethnique et bobo-chic. À vous les petites robes d'été en coton léger et coloré, les blouses brodées d'inspiration slave, les sacs banane (65 €), les tops en soie, les bijoux vintage et les tuniques imprimées. Une mode voyageuse et un peu folk.

5, rue du Panier, 2e arr. • M° Vieux-Port, bus n° 55 et tram T2/T3 (arrêt Sadi-Carnot) • 06 77 16 94 16 • www.birdsong.fr • Mar.-ven., dim. 11h-17h30.

Le Bazar de César

Bières 10 Plan H7

C'est ici, dans l'ancienne sacristie de l'église des Accoules, que la Cagole est née. Aujourd'hui, on continue de fabriquer cette bière locale et de la vendre (2,50 € la 33 cl) ! Dans un décor rustique composé de meubles de récup', le Bazar vend aussi plein d'autres articles fabriqués à Marseille : les cubes du Sérail (3 € l'authentique de 300 g), les savons de la savonnerie Le Fer à Cheval, et une petite gamme cosmétologique nommée Un Été en Provence.

4, montée des Accoules, 2e arr. • M° Vieux-Port, bus n° 49 (arrêt Place Bargemon) • 06 19 70 95 76 • www.lebazardecesar.com • Mer.-lun. 9h30-19h.

undARTground

Concept store 11 Plan H6

On s'arrête avec plaisir dans cette petite boutique située dans une rue commerçante du Panier. Jouets originaux, bijoux de créatrices, tee-shirts cultes (20-25 €), sérigraphies et affiches d'illustrateurs marseillais comme Pierre Piech (15-20 €), chacun y trouve son bonheur. Également galerie street art, on y trouve des livres sur le sujet ainsi que sur les arts graphiques et un peu partout des touches d'humour. Idéal pour rapporter un petit souvenir que l'on ne trouve pas ailleurs.

21, rue des Repenties, 2e arr. • M° Vieux-Port, bus n° 49 (arrêt Caisserie-Beauregard ou La Major) • 06 50 08 28 21 • T.l.j. sf mar. 11h-19h.

La Maison du Pastis

Pastis 12 Plan H7

Le pastis n'est pas seulement marseillais, il suffit de passer chez Frédéric Bernard pour s'en convaincre. Ce passionné a ouvert une boutique consacrée aux absinthes – de nouveau autorisées depuis 1998 – et aux pastis. À côté de la production maison, plus de 60 « petits jaunes » proviennent de producteurs indépendants et de quelques industriels aux marques internationales.

108, quai du Port, 2e arr. • M° Vieux-Port • 04 91 90 86 77 • www.lamaisondupastis.com • Lun.-sam. 10h-19h, dim. 10h-17h (19h en été) • Bouteille : env. 28-30 €.

Makadam Bazar Vintage

Brocante 13 Plan H6

Si l'établissement est fermé, c'est très certainement que la créatrice de Makadam est partie chiner dans le Luberon tout proche de quoi alimenter son blog et sa boutique. Sur place, vous trouverez beaucoup de mobilier en rotin, mais aussi des globes lumineux (45 €), des livres d'enfant vintage, des sacs en paille à l'effigie de Pernod, ainsi qu'un *corner* de vêtements et d'accessoires rétro (on y a déjà vu une robe Jean-Louis Scherrer à 38 € !).

25, rue de l'Évêché, 2e arr. • M° Vieux-Port, bus n° 49 (arrêt Tourette-Cathédrale) • 06 18 43 66 32 • www.makadam.bazar.over-blog.com • Ven.-lun. 12h-19h.

Microcosmos

Vins 14 Plan H6

C'est l'unique chai urbain de Marseille. À sa tête, un couple de passionnés : Fabienne et Lukas Völlmy. Ensemble, ils élaborent sur place des microcuvées de rouge, de blanc et de rosé à partir de raisins vendangés à la main en Provence (de 10 à 15 € la bouteille de vin bio). Pédagogues et didactiques, ils vous apprendront à apprécier leurs vins. Une adresse à visiter pour tous ceux qui pensent qu'il n'y a que le pastis à Marseille !

42, rue de l'Évêché, 2e arr. • M° Vieux-Port, bus n° 49 (arrêt Tourette-Cathédrale) • 06 87 15 60 98 • www.microcosmos.fr • Lun.-ven. 17h30-19h30.

Santons Escoffier

Santons 15 Plan H7

La tradition provençale des crèches de Noël, c'est le credo des Santons Escoffier, installés à Marseille sur le Vieux-Port. Le mouton, le roi mage, le chasseur, l'âne, la Vierge Marie... : ils sont tous là. Les prix démarrent à 11 € pour un santon en argile de 2 cm de haut et montent jusqu'à plus de 20 € pour les formats de 9 cm !

96, quai du Port, 2e arr. • M° Vieux-Port • 04 91 90 17 69 • www.santons-escoffier.com • Mar.-sam. 10h-13h et 15h-19h.

NOTRE TOP GOURMAND

Navettes, pastis, confiseries et même vins... Les boutiques de la ville regorgent de spécialités en tout genre qui mettront votre gourmandise à rude épreuve. Parmi elles, voici nos préférées.

Debout

Un torréfacteur historique qui confectionne également la meilleure barre marseillaise de la ville (une spécialité locale de praliné feuilleté).

Voir p. 110, Le quartier de la Préfecture.

Les Navettes des Accoules

On devient vite accro aux navettes de José Orsoni, à ses croquants et à ses *canistrelli*.

Voir p. 47, Le Panier.

La Maison du Pastis

Le plus grand choix de « petits jaunes » et d'absinthes, avec de nombreuses bouteilles artisanales.

Voir p. 49, Le Panier.

Microcosmos

Du vin made in Marseille ? Direction ce chai urbain planqué dans le quartier du Panier.

Voir p. 50, Le Panier.

Les Navettes des Accoules

3

LE MUCEM ET LA MAJOR

Sorti de terre à l'occasion de Marseille-Provence 2013 Capitale européenne de la culture, le Mucem est devenu le symbole ultime du renouveau. Face à sa beauté, les Marseillais regardent leur ville avec fierté ! Comme eux, on redécouvre ce coin longtemps resté peu fréquentable et on s'extasie devant la majesté de la Major, sublimée par ses nouveaux voisins, le musée Regards de Provence et la Villa Méditerranée.

Le fort Saint-Jean et la Major

1 L'église Saint-Laurent et la chapelle Sainte-Catherine✦

Au-dessus du Vieux-Port et du fort Saint-Jean se dresse la jolie église Saint-Laurent. Construite au XIIe s. dans le style roman provençal, c'est la seule paroisse du Moyen Âge que Marseille ait conservée. Une travée lui manque depuis qu'elle a servi à la construction du fort Saint-Jean, et le clocher a été reconstruit au XVIIe s., mais l'église a encore fière allure. Accolée à Saint-Laurent, la chapelle Sainte-Catherine fut édifiée par les pénitents blancs du XVIIe s. Depuis l'inauguration du Mucem en 2013, le parvis de l'église est relié au fort Saint-Jean par une passerelle de 70 m.

Entre l'esplanade de la Tourette et la rue Saint-Laurent, 2e arr.

2 Le fort Saint-Jean✦✦✦

Désormais relié au Mucem par une passerelle de 130 m, l'ancien complexe militaire a été réhabilité en 2013 par l'architecte marseillais Roland Carta pour accueillir une partie des collections du musée. Les extérieurs, transformés en un superbe jardin méditerranéen de 12 000 m² appelé **jardin des Migrations**, méritent de s'y balader et de s'y arrêter, notamment pour profiter du panorama à couper le souffle sur la Major, le port de la Joliette et le Vieux-Port.

Un système de défense

L'origine du nom vient des hospitaliers de Saint-Jean de Jérusalem, qui s'installent sur le site au XIIIe s. Les tours sont déjà érigées avant que Louis XIV n'y ajoute des fortifications pour doter la ville d'un imposant système défensif (p. 33). Il y a la tour carrée, construite au XVe s., sous le roi René, qui défend l'entrée nord du port. Sur la façade maritime, il y a aussi la tour ronde du Fanal, construite en 1644. Sur ordre du Roi-Soleil, le chevalier de Clerville bâtit le fort doté de remparts qui intègrent les deux tours. Quelques années plus tard, Vauban complète le dispositif en faisant creuser un fossé inondable entre le fort et la ville.

Promenade Louis-Brauquier, 2e arr. • ☎ 04 84 35 13 13 • www.mucem.org • Mai-juin, sept.-oct. : mer.-lun. 10h-19h; juil.-août : mer.-lun. 10h-20h; nov.-avr. : mer.-lun. 10h-18h; f. 1er mai et 25 déc. • Entrée expos : 11 €; jardin des Migrations et passerelles en accès libre.

3 Le Mucem✦✦✦

C'est désormais le site le plus photographié de la ville. Le Musée des civilisations de l'Europe et de la Méditerranée est réparti sur trois sites mais se cristallise autour du J4 et de sa dentelle de béton, signée de l'architecte Rudy Ricciotti associé à Roland Carta. C'est le premier musée national délocalisé en région.

Mucem

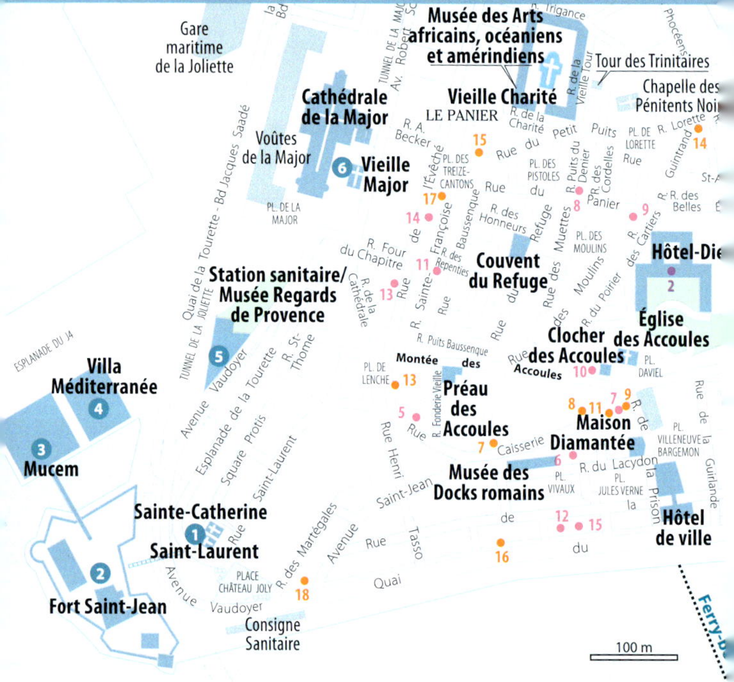

Une architecture ouverte sur la mer

Les Marseillais ont attendu longtemps (12 ans au total) avant de voir ce cube sortir de terre sur l'ancien môle portuaire du J4. Depuis, ils ne se lassent pas de ce pont jeté face à la Méditerranée, entouré d'une résille de béton façon moucharabieh. Ne manquez surtout pas ses coursives qui serpentent tout le long du J4 et qui offrent des perspectives nouvelles sur la mer. Depuis le toit, une passerelle suspendue au-dessus de la darse permet de relier le J4 au fort Saint-Jean, partie intégrante du Mucem.

Des collections évolutives réparties sur trois sites

Héritées du musée national des Arts et Traditions populaires autrefois situé dans le bois de Boulogne, les deux expositions semi-permanentes sont nichées au rez-de-chaussée du J4, dans la galerie de la Méditerranée.

Au programme : l'histoire de la Méditerranée vue sous l'angle de l'alimentation d'une part, et de la connectivité des villes de l'autre. Les étages du J4 et les salles du fort Saint-Jean sont consacrés aux expositions temporaires. On trouve également un auditorium qui accueille des conférences et des concerts et projette des films. Objectif : la pluridisciplinarité. Pour visiter les coulisses, direction le Centre de conservation et de ressources du Mucem dans le quartier de la Belle de Mai (p. 74).

Une expérience sensorielle

Venir au Mucem, c'est en prendre plein les yeux et plein les oreilles. Entre l'iode de la mer qui affleure les jours de grand mistral, la mise en lumière bleutée des bâtiments le soir et les sons diffusés tout le long des coursives, pleins d'accents et de voix, c'est le corps tout entier qui plonge dans la Méditerranée !

Le goût n'a pas non plus été oublié. Toutes les tables du Mucem ont été confiées à Gérald Passédat, le chef du Petit Nice sur la Corniche (p. 133); elles sont situées sur le toit-terrasse, c'est ce qu'on appelle le **Môle Passédat.**

Esplanade du J4, 2e arr. • ☎ 04 84 35 13 13 • www.mucem.org • Mai-juin, sept.-oct. : mer.-lun. 10h-19h; juil.-août : mer.-lun. 10h-20h; nov.-avr. : mer.-lun. 10h-18h; f. 1er mai et 25 déc. • Entrée expos : 11 €; entrée libre dans le bâtiment pour arpenter les coursives et rejoindre le toit et le fort Saint-Jean.

4 La Villa Méditerranée✦

Le Mucem lui fait de l'ombre, mais prenez le temps d'admirer ce bâtiment tout blanc signé de l'Italien Stefano Boeri. Trait d'union entre la terre et la mer, son architecture se distingue par une avancée en porte-à-faux de 40 m qui culmine à 19 m au-dessus d'un bassin artificiel.

Darse du Mucem

Pensée à l'origine comme un lieu de rencontre et d'expositions consacré au monde méditerranéen, la Villa Méditerranée doit accueillir courant 2022 une réplique de la grotte Cosquer, grotte paléolithique découverte à Marseille près du cap Morgiou en 1991 (p. 152).

Esplanade du J4, 2e arr. • www.grotte-cosquer.com

5 La station sanitaire/ Le Musée Regards de Provence✦

Depuis 2013, l'ancienne station sanitaire du port de Marseille héberge un musée. Construit en 1948 par Fernand Pouillon pour accueillir les migrants, le bâtiment a conservé intactes ses façades, ses verrières, ses étuves et ses salles de douche collective. Mais à l'intérieur, la Fondation Regards de Provence organise maintenant des expositions d'art moderne et contemporain consacrées à la Méditerranée (du XVIIIe s. à nos jours).

Rue Vaudoyer, 2e arr. • ☎ 04 96 17 40 40 • www.museeregardsdeprovence.com • Mar.-dim. 10h-18h, f. 1er janv., 1er mai, 15 août et 25 déc. • Documentaire artistique permanent : 4 €; 2 expos temporaires : 6,50 €; billet couplé docu + 2 expos temporaires, 8,50 €.

6 La cathédrale de la Major et la Vieille Major✦✦✦

Vous ne pouvez pas la manquer, cette « nouvelle » Major, cathédrale depuis 1897. Elle semble même démesurée sur son esplanade qui précède le nouveau port. Son style néobyzantin se retrouve à l'intérieur, dans son architecture en forme de croix latine et ses décors en marbre polychrome. Accolée à elle, la Vieille Major est l'ancienne cathédrale

Pause iodée : Au Bout du Quai

Envie de poisson frais ? Filez en direction du fort Saint-Jean et arrêtez-vous à la table de Jean-Luc. Dans ce lieu habillé de grandes baies vitrées, de marbre et de tables en béton, on déguste le meilleur de la pêche du jour en direct de la Criée : lotte, sole, daurade royale, etc. Frais, simple, efficace et sans chichis. Que les carnivores se rassurent : la carte propose aussi des côtes de bœuf et des carrés d'agneau ! On y savoure d'ailleurs un étonnant tartare de veau aux huîtres, une originalité devenue spécialité de l'établissement !

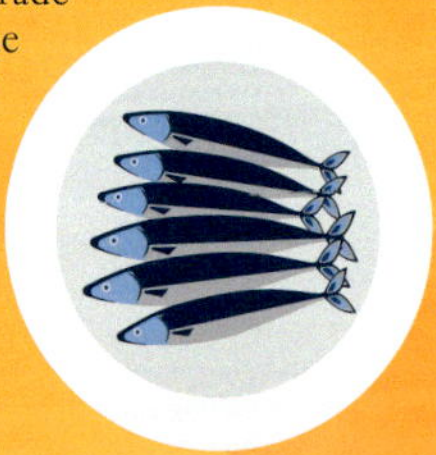

18 plan G7 • *1, av. Saint-Jean, 2e arr. • ☎ 04 91 99 53 36 • Mer.-lun. 12h-14h30 et 20h-22h30, f. dim. soir • Plats : 20-28 €.*

Cathédrale de la Major

du XIIe s. Les soubassements de la Major, qui ont longtemps servi aux entrepôts portuaires, ont été récemment aménagés pour accueillir restaurants et commerces. C'est ce qu'on appelle les Voûtes.

La Vieille Major

À l'emplacement des deux cathédrales Major, un baptistère paléochrétien avait été construit au Ve s. La taille de ses fondations – plus de 25 m de côté – en a dévoilé l'importance : il devait s'agir d'un groupe cathédrale comprenant une église, un siège épiscopal et le baptistère. Au XIe s., les premiers évêques de Marseille construisirent une nouvelle cathédrale de style romano-provençal, comme en témoignent la nef et la coupole. Plusieurs fois remaniée, la Vieille Major fut finalement jugée trop petite et perdit son titre de cathédrale en 1852. Elle conserva toutefois une fonction d'église paroissiale jusque dans les années 1950. Aujourd'hui, elle ne se visite même plus.

Trois architectes pour une cathédrale

Lorsqu'on décida de bâtir la Nouvelle Major, deux siècles avaient passé sans que l'on ne construise de cathédrale en

France. L'événement fut tel que Louis-Napoléon Bonaparte se déplaça pour en poser la première pierre, en 1852. Les travaux durèrent 40 ans, marqués par les décès successifs des architectes : Léon Vaudoyer en 1872, puis Henri-Jacques Espérandieu en 1874. Henri Révoil termina l'ouvrage en 1893 et l'église fut consacrée en 1897.

Le bâtiment

De style romano-byzantin en forme de croix latine, il comprend un portique entouré de deux tours et prolongé par une coupole. Les dimensions sont remarquables : 60 m de haut pour chaque tour et 70 m pour la coupole centrale ! La voûte du porche est ornée de mosaïques bleu et or et dominée par la statue du Christ et par celles des saints Pierre, Paul, Lazare, Maximin et des saintes Madeleine et Marthe. Elle précède la nef principale et ses trois travées, les nefs latérales et le transept qui mène au déambulatoire. L'ornementation est flamboyante : pierre et marbre aux tons rouge et ocre clair, mosaïques multicolores, sculptures, bronzes, colonnes et chapiteaux.

Pl. de la Major, 2e arr. • 04 91 90 52 87 • http://marseille.catholique.fr/La-Major-cathedrale • Avr.-sept. : mer.-lun. 10h-18h30; oct.-mars : mer.-lun. 10h-17h30 • Accès libre.

Infos Covid-19

Toutes les informations de ce guide ont été scrupuleusement actualisées. Néanmoins, compte tenu du contexte sanitaire, de nombreux sites sont amenés à restreindre leurs horaires d'ouverture, parfois à fermer l'accès à certaines salles ou à suspendre provisoirement démonstrations ou activités. Les consignes évoluent régulièrement. Nous vous recommandons de vérifier les horaires et conditions de visite de chaque lieu et adresse sur leur site internet ou leur page Facebook. Par ailleurs, de nombreux musées demandent de réserver la visite.

NOTRE TOP POUR MANGER SUR LE POUCE

Pour une pause déjeuner rapide entre deux visites, que vous soyez plutôt salade, pizza, burger ou *focaccia,* fiez-vous à ces adresses minutieusement sélectionnées.

Chez Yassine

On y va pour les spécialités tunisiennes, on y retourne pour la bonne humeur des serveurs.

Voir p. 88, Noailles et la Plaine.

Green Love

Le spot parfait pour une halte détox à base de jus pressés à froid et de salades végétariennes.

Voir p. 88, Noailles et la Plaine.

Maison Geney

Focacce généreuses, brioches chaudes, salades gourmandes, thés et infusions… vous trouverez toujours une bonne raison de vous arrêter ici.

Voir p. 35, le Panier.

Chez Fanny

À deux pas du Vieux-Port, un comptoir au look rétro, ouvert sur la rue, où faire le plein de sandwichs et de burgers pour un pique-nique.

Voir p. 42, le Panier.

Chez Sauveur

Un pizza moit'-moit' mythique : dès que l'on croque dedans, on comprend pourquoi !

Voir p. 86, Noailles et la Plaine.

Chez Sauveur

LA CUISINE MARSEILLAISE

Qui dit Marseille dit bouillabaisse, pastis et navettes. Toutefois, derrière cette trilogie emblématique se cache une cuisine iodée et métissée. Les restaurants et les marchés vont vous faire découvrir des saveurs issues de tout le monde méditerranéen : à vous les chichis, les pizzas, les couscous, les sardinades, les baklavas... On mange très bien à Marseille ! Surtout depuis que la jeune garde des chefs a décidé de se liguer pour faire rimer Marseille avec *fooding.*

Du poisson et encore du poisson...

Venir à Marseille sans goûter la **bouillabaisse** ? N'y pensez pas ! Le plat le plus typique et le plus demandé figure toujours à la carte des restaurants. Mais sa recette a bien changé : aujourd'hui, les restaurateurs rivalisent d'imagination pour dépoussiérer la tradition et réinventer ce plat aux parfums de mer et de garrigue : façon milk-shake, sous forme de millefeuille ou encore de burger de bouillabaisse ! Autres saveurs iodées : la **bourride**, l'**aïoli**, la **soupe de poissons de roche**, les **sardinades**, les **fritures d'anémones**, les **supions** et les **encornets farcis**.

Saveurs d'ailleurs

Marseille est un **melting-pot de saveurs et d'influences.** Les pizzas, couscous et tajines côtoient des plats traditionnels comme la **daube provençale**, les **pieds paquets**, les **tripes** et les **farcis de légumes.** Les assiettes sont gorgées de soleil, même si on assiste à un engouement pour la cuisine asiatique. Sauf qu'ici on mange des sushis à la galinette et à la liche pêchés dans la rade de Marseille !

Côté douceurs, la **navette**, avec son parfum délicat de fleur d'oranger, dispute la vedette à la **pompe à l'huile** (sorte de fougasse qui figure parmi les treize desserts de Noël) et aux **croquants.** Mais depuis longtemps, les Marseillais ont adopté les desserts transalpins, **tiramisu** et **pannacotta** en tête. Sans oublier les **glaces artisanales** qui se multiplient en ville. Dernière sensation en date : les **bâtonnets givrés** d'Emki Pop (p. 117).

Gourméditerranée : la fronde des chefs

À l'origine de cette association créée en janvier 2012, un coup de colère : pourquoi toujours parler de la gastronomie lyonnaise ? Pourquoi réduire Marseille au foot et aux kalachnikovs ? À la veille du lancement de Marseille-Provence 2013, les trois étoilés de la ville – Gérald Passédat, Lionel Lévy et Guillaume Sourrieu – ont créé

Gourméditerranée, avec l'envie de bousculer les idées reçues. Grâce à eux, la gastronomie made in Marseille prend des accents bistrotiers et s'aventure sur le terrain du ***fooding.*** L'objectif? Faire de Marseille la capitale européenne de la gastronomie méditerranéenne. À son actif : des « batailles » de chefs et des restaurants éphémères lors de la Foire internationale de Marseille. Des événements ponctuels sont à suivre sur le site **www.associationgourmediterranee.com**

En 2019, Marseille et tout le territoire des Bouches-du-Rhône ont organisé l'événement **MPG 2019, Marseille Provence, année de la gastronomie**. Cuisine provençale à l'honneur, lutte contre le gaspillage alimentaire : une année festive qui a montré une fois encore la vitalité de la cuisine marseillaise.

Du pastis à la Cagole

C'est un cliché, mais c'est vrai : à Marseille, le **pastis** est une des boissons les plus consommées et les plus populaires. Cousin de l'absinthe, accusée de rendre fou et interdite en 1915, le pastis doit sa création à Paul Ricard. Dans les années 1920, il élabore un breuvage à base d'**anis,** de **réglisse** et de **plantes tenues secrètes.** Tiré à 45 °C au lieu de 40, son slogan de 1932 affiche un insolent « Ricard, le vrai pastis de Marseille ». On continue de le boire allongé d'eau et de glaçons ou de le mélanger : avec du sirop de menthe, c'est un perroquet; avec de la grenadine, une tomate; avec du sirop d'orgeat, une mauresque.

Mais le pastis rencontre un nouveau concurrent, la **bière.** D'autant plus que depuis 2003, Marseille a la **Cagole :** une bière en partie brassée dans le quartier du Panier (p. 34 et 49), surnommée « bière du cabanon », qui se boit blonde ou blanche. Son succès a donné l'idée à d'autres car, en 2013, la microbrasserie artisanale **Bière de la Plaine** a ouvert ses portes (16, rue Saint-Pierre, 6e arr. – Plan D4 – ☎ 04 91 47 32 54 – mer.-sam. 15h-19h), proposant des bières maison vendues sur place ; elles se dégustent aussi dans des bars à bières du quartier Saint-Victor. Depuis, les microbrasseries fleurissent et vous en croiserez au gré de vos balades, notamment vers la rue Consolat ou le cours Julien. ■

Cuisine de la mer chez Peron

LE QUARTIER DE LA JOLIETTE

4

C'est ici, au nord, que se dessine et se fabrique la ville de demain. Encore infréquentable dans les années 1990 – trop de bruit, trop de squats, pas assez de commerces, pas assez de transports –, la Joliette s'est véritablement métamorphosée sous l'impulsion d'Euroméditerranée. Boudé et décrié à ses débuts en 1995, ce projet titanesque est en train de gagner son pari. Aujourd'hui, les Marseillais profitent du renouveau de ces quais portuaires où business, loisirs et culture font désormais bon ménage !

1 Le port de la Joliette✦

Difficile de circuler à pied le long du port, coincé entre une avenue très passante – le quai de la Joliette – et l'autoroute qui arrive juste au-dessus ! C'est pourtant ici que bat le cœur portuaire de Marseille depuis le XIXe s. Approchez-vous des paquebots de croisière et des bateaux marchands qui accostent le long du bassin de la Grande Joliette, ils sont impressionnants.

Bd du Littoral, 2e arr.

2 Les Docks✦✦

L'architecte Éric Castaldi a entièrement réhabilité ces anciens entrepôts maritimes du XIXe s. constitués de cinq bâtiments de six étages. Il a su allier aspect authentique et style contemporain en favorisant le fer, la brique et le bois. Depuis 2015, les Docks sont devenus un centre commercial atypique qui héberge une soixantaine de restaurants, de boutiques indépendantes et d'œuvres artistiques exposées dans chacun des patios.

10, pl. de la Joliette, 2e arr. • ☎ 04 91 44 25 28 • www.lesdocks-marseille.fr • Boutiques : t.l.j. 10h-19h; restaurants : t.l.j. ; consulter les horaires sur le site.

3 Le FRAC PACA✦✦

Depuis mars 2013, un bâtiment totalement transparent accueille le FRAC de deuxième génération de la région Provence-Alpes-Côte d'Azur. On le doit au Japonais Kengo Kuma. À l'extérieur : une façade habillée de pixels de verre. À l'intérieur : un centre de documentation, un espace pédagogique, des résidences d'artistes, un restaurant et surtout deux grandes salles d'exposition. Chaque année, le FRAC y organise entre trois et quatre expos à partir d'un fonds d'art contemporain riche de 900 œuvres.

20, bd de Dunkerque, 2e arr. • ☎ 04 91 91 27 55 • www.fracpaca.org • Mer.-sam. 12h-19h, dim. 14h-18h • Entrée : 5 € (gratuit dim. et un ven. par mois 18h30-21h).

4 Les Terrasses du Port✦

Ce centre commercial a vu le jour en 2014. Conçu comme un lieu de vie ouvert sur la mer et sur la ville, il rassemble sur trois étages commerces, boutiques, cafés, bars et une salle de sport. Son atout majeur, c'est son immense toit-terrasse suspendu sur l'horizon, qui donne l'impression d'être sur le pont d'un bateau. Résultat : touristes et Marseillais adorent, et ses allées sont bondées chaque week-end.

Bd du Littoral, 2e arr. • ☎ 04 88 91 46 00 • www.lesterrassesduport.com • Boutiques : t.l.j. 10h-20h; restaurants : t.l.j. 10h-23h.

5 Le théâtre Joliette-Minoterie✦✦

En 2012, le théâtre a dit adieu à l'ancien moulin qu'il occupait depuis 1985 dans le quartier. Un an plus tard était inauguré ce nouvel espace rebaptisé Joliette-Minoterie. Éclectisme, ouverture et exigence sont le credo de

Le projet Euroméditerranée

« Créer une ville dans la ville » : voilà l'ambition de ce projet né en 1995. Concentré autour du quartier de la Joliette sur une superficie de 480 ha, Euroméditerranée est une opération d'intérêt national soutenue par l'État, les collectivités locales et l'Europe. Grâce à elle, la rue de la République s'est transformée, le port de commerce s'est désenclavé et tout un quartier est actuellement en train d'émerger. Objectif affiché ? Hisser Marseille au niveau des plus grandes métropoles européennes. Pari presque réussi !

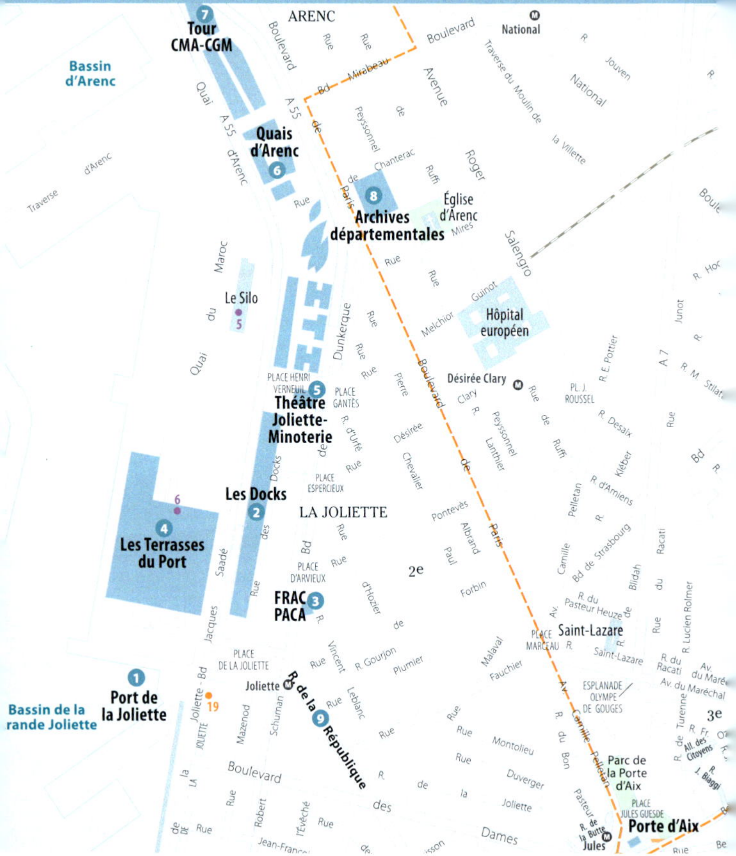

ce théâtre qui a accueilli entre autres des spectacles de Peter Brook et de Trisha Brown. En journée, le lieu organise des visites gratuites de ses coulisses (se renseigner au préalable sur les dates et les horaires).

2, pl. Henri-Verneuil, 2e arr. • ☎ 04 91 90 07 94 • www.theatrejoliette.fr • Billet : 8-22 €.

6 Les Quais d'Arenc✦

Le visage de la Marseille de demain se dessine ici autour d'un programme immobilier de logements, de bureaux et de commerces. Roland Carta a été le premier architecte à achever **Balthazar**, un immeuble de bureaux de 31 m. Une « broutille » face aux 135 m de **La Marseillaise** de Jean Nouvel. Livrée en 2018, elle aura mis quatre ans à sortir de terre. À suivre : la **H99**, une tour de logements de très haut standing imaginée par Jean-Baptiste Pietri, et la **La Porte Bleue**, du même architecte, qui doit abriter hôtels et résidences de tourisme. À Marseille, peu habituée à tant d'audace architecturale, on surnomme déjà ce projet « skyline » ! Tout proche, le **Silo** (p. 67) dresse fièrement sa structure en béton armé et en tôle rouge, classée Patrimoine du XXe s. depuis 2004. Cet ancien silo à blé construit en 1927 a été converti en salle de spectacle en 2011.

7 La tour CMA-CGM✦

Impossible de ne pas la remarquer : c'est la plus haute tour de bureaux de toute la ville. Sortie de terre en 2011, elle est signée d'une star internationale de l'architecture : l'Anglo-Irakienne Zaha Hadid, à qui l'on doit le MAXXI de Rome. Elle abrite les bureaux de la société maritime CMA-CGM. Malgré ses 147 m de haut, la tour reste moins haute que la Bonne Mère (154 m) : une condition,

Terrasses du Port

Tour CMA-CGM

dit-on, posée par le maire de l'époque, Jean-Claude Gaudin ! Fortement décriée pendant les travaux, la tour a quelque chose de fascinant le soir, quand le coucher de soleil se reflète dans ses miroirs... À ses pieds, ne loupez pas *It takes two to tango* (il faut être deux pour danser), une sculpture de sumos signée de l'artiste écossais David Mach.

4, quai d'Arenc, 2e arr. • www.cma-cgm.fr • Ne se visite pas.

8 Les archives et la bibliothèque départementales✦

C'est Corinne Vezzoni, une architecte marseillaise à l'origine du Centre de conservation du Mucem (p. 75), qui a conçu en 2006 ce bâtiment serti d'un écrin de verre translucide abritant les archives départementales des Bouches-du-Rhône. Une grande partie des 28 000 m² de locaux sont ouverts au public : la salle de lecture, la salle d'actualité,

Pause nordique : Kos

De la nordic fast food ultra-fraîche sur le quai de la Joliette, où l'on engloutit smørrebrøds, soupes, salades, frikadelles (boulettes de viande) et kanelbullar maison devant un panoramique XXL du port de Copenhague.

19 *2, quai de la Joliette, 2e arr. • 09 87 40 91 64 • Facebook : kosrestonordic.*

l'auditorium et la salle d'exposition. Ce lieu de mémoire organise toute l'année des expos, des débats et des visites (se renseigner auprès de l'office de tourisme). L'été, il y a même des séances de cinéma en plein air, des concerts dans les jardins et des balades en mer !

18, rue Mirès, 3e arr. • 04 13 31 82 08 • www.archives13.fr • Lun. 14h-18h, mar.-ven. 9h-18h, sam. 9h-12h45 (sf juil.-août) • Accès libre.

9 La rue de la République✦

L'ancienne rue Impériale, percée sous le Second Empire, est une des plus belles artères de Marseille. Bordée d'immeubles haussmanniens presque tous identiques, elle relie le Vieux-Port à la place de la Joliette. Trop parisienne pour les Marseillais, qui l'ont longtemps snobée, elle fait l'objet d'une réhabilitation et d'une requalification de ses commerces, mais cela tarde à prendre forme. Elle est néanmoins desservie par le tram et vous pourrez y faire du shopping tout en admirant les statues (au n° 63) et les cariatides (au n° 51) de ses façades. Glissez-vous aussi dans le passage de Lorette (n° 51) : il débouche dans le quartier du Panier.

Restos | Bars | Hôtels | Shopping | Activités

Bars, clubs Sorties

Le Silo

Salle de concerts 5 Plan B1

Cet ancien silo à blé s'est reconverti en 2011 en une immense salle de spectacle, façon théâtre à l'italienne. Entre son parterre central et ses balcons, il affiche une capacité totale de 2 050 places ! La structure, classée Patrimoine du XXe s., affiche une programmation vraiment éclectique : opéras, humour, concerts de rock, danse, spectacles jeune public…

35, quai du Lazaret, 2e arr. • Mo Joliette ; Tram T2/T3 (arrêt Arenc-Le Silo) • 04 91 90 00 00 • www.cepacsilo-marseille.fr • Tarifs selon la programmation.

Le R2

Rooftop 6 Plan B2

Le R2, c'est le rooftop du centre commercial des Terrasses du Port. Un lieu magique avec une vue à 360° sur toute la ville et sur les bateaux en partance pour la Corse et le Maghreb. Soir après soir, on profite des concerts et des DJ sets. On y vient pour se déhancher, mais les fauteuils en rotin cosy sont tout aussi parfaits pour un début de soirée apéro. Attention, ouverture soumise aux conditions climatiques (et au mistral) !

Centre commercial Les Terrasses du Port • 9, quai du Lazaret, 2e arr. • M° et tram T2/T3 La Joliette • ☏04 91 91 79 39 • www.airdemarseille.com • Avr.-sept. : t.l.j. 19h-2h.

Infos Covid-19 ⚠

Compte tenu du contexte sanitaire, de nombreux sites et adresses sont amenés à restreindre leurs horaires d'ouverture et à s'adapter à la situation. Nous vous recommandons de vérifier les horaires et conditions de visite de chaque lieu et adresse sur leur site Internet ou leur page Facebook.

Hôtels B&B

B&B Marseille Centre La Joliette

Hôtel tout confort

Plan B2

Habitué à recevoir les entreprises en semaine, ce grand hôtel du quartier de la Joliette baisse ses prix le week-end. La décoration des chambres est sobre et les douches sont spacieuses.

52, rue de Forbin, 2e arr. • M° Joliette • ☏0892 70 22 18 • www.hotel-bb.com • De 65 à 75 €; petit déj. : 6,85 €; place de parking : 15 €.

LES MEILLEURS LIEUX OÙ DANSER

Si les soirées commencent le plus souvent tôt autour d'un apéro, Marseille n'est pas en reste pour faire vibrer le dancefloor. Soirées clubbing, électro ou lounge, vous trouverez toujours l'ambiance qui vous plaît !

Le R2

Un rooftop enflammé avec des soirées clubbing qui se terminent souvent à l'aube.

Voir p. 67, Le quartier de la Joliette.

Le Trolley Bus

Sûrement la meilleure de toutes les discothèques de la ville !

Voir p. 120, Le sud du Vieux-Port.

Le Mama Shelter

Bonne humeur garantie au bar de cet hôtel design, entre soirées et DJ sets.

Voir p. 90, Noailles et la Plaine.

Le Cabaret aléatoire

Le vendredi soir, direction la Belle de Mai pour clubber dans ce lieu incontournable de la Friche.

Voir p. 77, De Saint-Charles à Longchamp.

Le Pulse

L'adresse *gay-friendly* du cours Julien, pour passer des soirées électro dans une ambiance cool.

Voir p. 89, Noailles et la Plaine.

Cabaret Aléatoire

DE SAINT-CHARLES À LONGCHAMP 5

Longtemps laissé à l'abandon et enclavé du reste de la ville, le quartier de la Belle de Mai vit une deuxième jeunesse depuis l'essor de la Friche, installée en lieu et place de l'ancienne manufacture des tabacs, et l'arrivée du Centre de conservation et de ressources du Mucem. De l'autre côté des rails de la gare Saint-Charles, changement de décor : ici trônent le palais Longchamp, ses musées, sa fontaine et son parc bucolique.

Parc du palais Longchamp

1 La gare Saint-Charles**

Entourée de sculptures coloniales et de lampadaires Art déco, sa volée d'escaliers de 105 marches est célèbre dans le monde entier. Le bâtiment central, représentatif des gares du XIXe s., avec une ossature métallique supportant la verrière, a été rénové. La gare accueille, quai A, le **Viens attendre à Marseille** (lun.-jeu. 7h-19h, ven. 7h-20h, sam. 8h-19h, dim. 8h-20h), un café cosy comme on rêve d'en trouver dans une gare. Au programme ? Fauteuils moelleux, livres à troquer, restauration légère, librairie et expos.

Sq. Narvik, 1er arr.

2 Le musée Grobet-Labadié**

La visite de ce musée est l'occasion de remonter le temps et de voir à quoi ressemblaient les appartements bourgeois du XIXe s. L'occasion surtout de

Gare Saint-Charles

découvrir les goûts éclectiques de Louis Grobet et Marie-Louise Labadié, un couple de négociants qui a cédé son hôtel particulier et ses collections à la Ville dès 1919. Entre les peintures, les sculptures, les céramiques, le mobilier, les tapisseries, les instruments de musique et les vitraux, c'est un vrai cabinet de curiosités !

140, bd Longchamp, 1er arr. • 04 91 62 21 82 • www.musees.marseille.fr • Mar.-dim. 9h-18h, ouv. lun. de Pâques et de Pentecôte, f. 1er janv., 1er mai, 1er et 11 nov., 25-26 déc. • Entrée : 6-12 € (gratuit 1er dim. du mois), collections permanentes : entrée libre • F. temporairement.

3 Le palais Longchamp+++

Cascades, fontaine, escaliers d'honneur et arc de triomphe… Ce palais élevé au XIXe s. pour célébrer l'arrivée du canal de la Durance en centre-ville est impressionnant. Chacune des ailes du bâtiment, qui a fêté ses 150 ans en 2019, abrite aujourd'hui un **musée**, alors qu'à l'arrière, l'ancien zoo a été reconverti en **jardin public** bucolique.

De l'eau pour Marseille

Marseille a toujours souffert du manque d'eau. Au XVIe s., on songe déjà à construire un canal pour alimenter la ville avec la

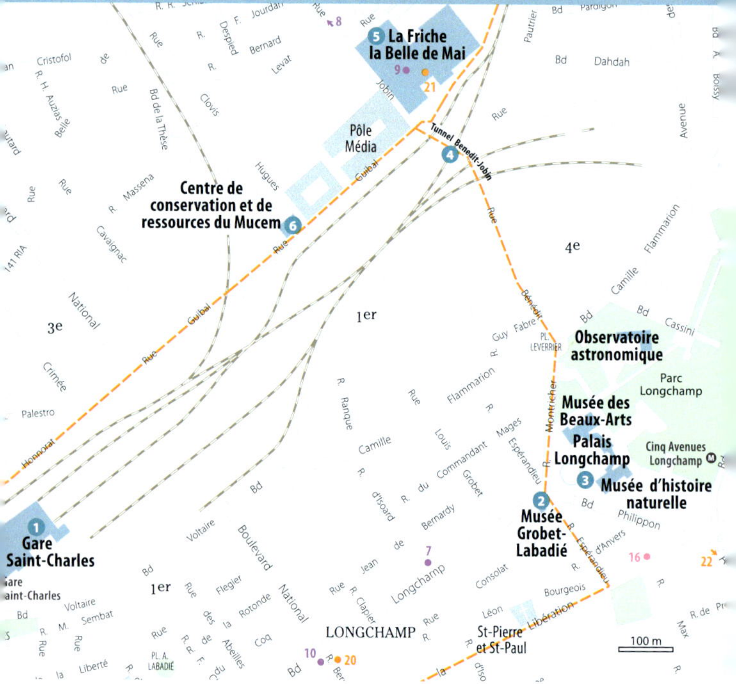

rivière Durance. La décision est enfin prise au XIXe s. et les travaux de creusement du canal débutent en 1839. C'est un immense chantier (85 km), qui nécessite la construction de 18 ponts-aqueducs et de nombreux souterrains. Le 19 novembre 1849, l'eau de la Durance arrive dans un réservoir construit sur le plateau Longchamp qui domine Marseille. Grâce au canal, les Marseillais vont bénéficier de trente fois plus d'eau par jour !

Le palais Longchamp

Un palais doit dissimuler les canalisations et les bassins enterrés de la dernière partie du canal. La Ville choisit le projet monumental d'Espérandieu : une colonnade en demi-cercle avec, au centre, une fontaine aux eaux débordantes qui glissent sur un escalier de pierre. Les sculptures allégoriques de la fontaine illustrent les bienfaits de la Durance. De part et d'autre de la colonnade, deux bâtiments en forment les ailes. À son inauguration en 1869, le palais Longchamp réunit sur un même site le château d'eau, deux musées et un parc botanique et zoologique.

Les musées

Rouverte en 2013 avec l'exposition « Le Grand Atelier du Midi, de Van Gogh à Bonnard », l'aile gauche du palais abrite le **musée des Beaux-Arts,** le plus ancien musée marseillais. Sa collection compte beaucoup d'œuvres de l'enfant du pays, Pierre Puget (encadré p. 38). L'aile droite est réservée au **Muséum d'histoire naturelle.** Le **parc,** avec jeux pour enfants et buvette, cache encore les réservoirs d'eau du canal. C'est ici qu'est montée chaque année en juillet la scène du festival Marseille Jazz des Cinq Continents (p. 187).

Bd Philippon, 4e arr.

Parc : *avr.-sept. 7h-20h, oct.-mars 7h-18h30.*

Musée des Beaux-Arts : *04 91 14 59 30 • http://culture.marseille.fr/les-musees-de-marseille/le-musee-des-beaux-arts*

Muséum d'histoire naturelle : *04 91 14 59 50 • http://culture.marseille.fr • Niveau 1 fermé pour travaux.*

Horaires des deux musées : *mar.-dim. 9h-18h (19h de mi-mai à mi-sept.), ouv. lun. de Pâques et de Pentecôte, f. 1er janv., 1er mai, 1er et 11 nov., 25-26 déc. • Entrée : 6 € (gratuit 1er dim. du mois).*

4 Le tunnel Bénédit-Jobin✦

Depuis 2013, ce tunnel situé aux portes de la Friche la Belle de Mai (il permet de rejoindre le quartier de Longchamp) s'est transformé en une galerie d'art insolite. Rebaptisé **« tunnel des 1 000 signes »,** il reste ouvert à la circulation tout en abritant plusieurs centaines de panneaux routiers et de pictogrammes imaginaires, conçus par l'artiste

Palais Longchamp

Frédéric Clavère, qui recouvrent ses murs et son plafond.

5 La Friche la Belle de Mai✦✦✦

Il se passe toujours quelque chose à la Friche implantée dans l'ancienne manufacture des tabacs. Réaménagée en lieu de création artistique, elle draine un public de curieux plutôt bobo et *arty* qui se mélange joyeusement en journée aux familles du quartier de la Belle de Mai, qui viennent profiter des espaces en accès libre : terrain de basket, skatepark avec prêt de matériel, mur d'escalade (à l'entrée) et aire de jeux (au 2e niveau, après le restaurant). Le soir, on y vient pour profiter des apéros du restaurant **Les Grandes Tables** (p. 76) et des concerts du **Cabaret Aléatoire** (p. 77) : Gonzales, Sébastien Tellier, Tricky, ESG, Jeff Mills, La Rumeur, Tarwater et Justice sont déjà passés ici. On y vient aussi pour profiter de sa Tour-Panorama : un lieu double composé d'un vaste espace d'expositions d'art contemporain et d'une terrasse aérienne. L'été, La Friche y organise des soirées DJ, des concerts et des séances de cinéma en plein air.

41, rue Jobin, 3e arr. • ☎ 04 95 04 95 95 • www.lafriche.org • Lun.-sam. 8h30-minuit (plus longtemps les soirs de spectacle), dim. 8h-22h; expos : lun. 11h-18h, mar.-sam. 11h-19h, dim. 13h-19h • Entrée libre sur le site; expos : 5 €.

Pause orientale : Nour d'Égypte

Le brunch de ce centre culturel égyptien fait salle comble tous les dimanches. Assis sur des poufs ou des canapés aux tissus colorés, on se partage des mezzés sucrés-salés-épicés : falafels, houmous, caviar d'aubergine, pain feuilleté, galette de viande, le tout arrosé de thé, de citronnade ou de jus de grenade fraîchement pressé. Accueil chaleureux et dépaysement garanti. L'été, direction le toit-terrasse et son ambiance d'oasis.

20 plan D3-E3 • *10, rue Bernex, 1er arr. • ☎ 09 80 63 06 56 • www.nourdegypte.com • Lun.-jeu. et sam. 9h-23h, ven. 17h-23h, dim. 10h30-15h30 • Brunch : 22 €; sandwich falafel : 6 €; résa. recommandée pour le brunch.*

La Friche la Belle de Mai

6 Le Centre de conservation et de ressources du Mucem (C.C.R.)✦

Sur la route qui part de la gare et remonte vers la Friche, vous croiserez le C.C.R. Dessiné par l'architecte Corinne Vezzoni (à qui l'ont doit déjà les archives départementales, p. 66), ce cube de béton rugueux de 10 000 m² abrite tout le fonds qui fait la richesse du Mucem : 250 000 objets, 110 000 tableaux, estampes et dessins, 450 000 photographies et près de 100 000 ouvrages. Sans compter les archives papiers, sonores et visuelles ! Pour accéder à une – petite – partie des archives, il faut prendre rendez-vous. Mieux encore, surveillez le programme des visites guidées de l'appartement témoin : 800 m² remplis d'un échantillon des collections du Mucem (en général chaque premier mardi du mois).

1, rue Clovis-Hugues, 3ᵉ arr. • ☎ 04 84 35 14 23 • Lun.-ven. 9h-12h30 et 14h-17h, sur rdv.

Restos Bistrots

Les Grandes Tables de la Friche

Bistrot 21 Plan E1

Rendez-vous au 2e niveau de la Friche où les Grandes Tables se sont installées. Curieux et habitués débarquent ici en bande et en famille pour profiter de cette grande salle à la déco industrielle et de sa programmation très événementielle. On partage les tables en dégustant une cuisine simple et abordable : entrecôte grillée (17 €), tartares et salades (14-15 €), daubes de poulpe ou lasagnes.

41, rue Jobin, 3e arr. • Bus n° 49 et 52 (+ n° 582 de nuit, arrêt Belle de Mai la Friche), ou M° Cinq Avenues-Longchamp ou Gare Saint-Charles + 15 min de marche • ☎ 04 95 04 95 85 • Mar.-dim. 12h-14h, jeu.-sam. 19h-23h (et les soirs de spectacle).

Monsieur Madame

Monsieur Madame

Bistrot 22 Plan F3

Si vous aimez courir les brocantes, boire des cafés ou manger des gâteaux maison, alors aventurez-vous dans ce salon de thé-bar à bières ouvert par un couple de pâtissiers, collectionneurs d'objets vintage. Vous ne saurez pas où poser vos yeux : on se régale, dans une déco *sixties* et *seventies*, de petits plats maison le midi et de *craft beer* (plus de 50 références !) à l'apéritif. Mention spéciale pour la terrasse aux beaux jours.

19, av. du Maréchal-Foch, 4e arr. • M° Cinq Avenues-Longchamp, tram T2 (arrêt Cinq Avenues) • ☎ 04 84 33 42 09 • Lun.-jeu. 8h-21h30, ven. 8h-22h (9h-23h l'été) • Plat du jour : à partir de 10 € ; bière : à partir de 4,50 €.

Bars, clubs Sorties

Il Capriolo

Aperitivo 7 Plan E2

Un morceau de *dolce vita* en plein quartier Longchamp, voilà ce que propose Il Capriolo. On se délecte d'un verre de vin pétillant ou on craque pour un cocktail (Negroni, spritz et, plus original, le Hugo, à base de prosecco, sirop de sureau, menthe et citron). Côté cuisine, on fond pour les assiettes italiennes bien balancées. Au fur et à mesure de la soirée, la petite terrasse déborde sur le trottoir en fonction des arrivées et redonne sacrément vie à ce coin un peu endormi du boulevard.

83, bd Longchamp, 1er arr. • M° Réformés-Canebière; Tram T2 (arrêt Longchamp) • ☎07 81 02 21 47 • Mar.-sam. 18h-23h • Cocktails : 5-7 €; assiettes : 6-14 € • Pas de CB ni de distributeur proche.

Le Chapiteau

Spectacles 8 HP par D1

Dans cet ancien boulodrome de 2 700 m² aménagé de bric et de broc à grand renfort de palettes et de meubles de récup', il se passe toujours quelque chose entre concert, démonstration de *street art*, barbecue, pétanque et hula-hoop ! L'été, les familles débarquent aux premières heures pour profiter de ce grand espace en plein air, vite rejointes par les couche-tard attirés par le dancefloor aux sonorités électro.

38, traverse Notre-Dame-de-Bon-Secours, 3e arr. • M° Saint-Charles, puis bus n° 33 ou 34 (arrêt Plombière Arnal) • ☎09 52 51 48 43 • www.lechapiteau-marseille.fr • Jeu.-ven. 18h-2h, sam.-dim. 16h-2h • Bière pression : à partir de 3 € ; cocktail maison : 8 €.

Cabaret aléatoire

Concerts, club 9 Plan E1

Moitié salle de concert, moitié club électro, Le Cabaret Aléatoire c'est le poumon musical de la Friche la Belle de Mai, option musiques actuelles. Justice, Gonzales, Asaf Avidan, Jeff Mills, Carl Craig, Wu Tang Clan, Starr, les Naive New Beaters... sont déjà passés entre ses murs, et il accueille de nombreux festivals tout au long de l'année. Tous les vendredis soir, de 23h à 5h, c'est clubbing !

Friche la Belle de Mai, 41, rue Jobin, 3e arr. • Bus n° 49 et 52 (arrêt Belle de Mai La Friche + n° 582 de nuit), ou M° Saint-Charles ou Cinq Avenues/Longchamp + 15 min de marche • ☎04 95 04 95 09 • www.cabaret-aleatoire.com • Tarifs et horaires selon programmation.

Longchamp Palace

Bistrot 10 Plan D3

Repris en 2010 par deux amis trentenaires, le Longchamp Palace est un bistrot Art déco des années 1930. Ouvert dès le matin et tard le soir, on y croise aussi bien les anciens du quartier que les touristes et les Marseillais à l'heure de l'apéro. Même le dimanche, à l'heure du brunch (16 €), il faut attendre qu'une table se libère !

22, bd Longchamp, 1er arr. • M° Réformés-Canebière; Tram T2 (arrêt National) • ☎04 86 97 22 59 • Lun.-mer. 8h-0h30, jeu.-sam. 8h-2h, dim. 11h-0h30 • Bière pression : 2,80-4 € ; verre de vin : 3,50-5 € ; cocktail : 4-7,70 €.

Hôtels B&B

New Hôtel Saint-Charles

Hôtel tout confort Plan D3

Idéalement situé entre la gare Saint-Charles, la Canebière et le Vieux-Port, cet hôtel permet de sillonner la ville à pied. Superbe jardin d'hiver.

4, allée Léon-Gambetta, 1er arr. • M° Noailles • 04 91 95 09 09 • De 90 à 180 €; petit déj. : 19 €.

Pension Edelweiss

Maison d'hôtes Plan D3

Bienvenue chez Bernadette, une Suissesse tombée amoureuse de Marseille. Sa pension, située dans un immeuble Art déco, dispose de 5 chambres à la déco rétro. Ambiance familiale garantie.

6, rue Lafayette, 1er arr. • M° Réformés-Canebière ou Saint-Charles • 09 51 23 35 11 • www.pension-edelweiss.fr • À partir de 85 €, petit déj. compris.

Les Villages clubs du Soleil - Marseille

Club de vacances Plan E1

Dans l'ancienne maternité de la Belle de Mai (qui a vu naître Zinedine Zidane !), vous pouvez profiter des services du club de vacances de Villages Club du Soleil le temps d'un week-end : piscine extérieure (avr.-nov.), Spa, restaurant, club enfants dès 3 mois. Tout cela juste derrière la Friche !

23, rue François-Simon, 3e arr. • M° Saint-Charles, bus n° 49 et 52 (arrêt Belle de Mai La Friche); navette gratuite depuis le club jusqu'au parc Longchamp • 04 91 95 08 88 • www.villagesclubsdusoleil.com • F. 1er fév.-21 mars • Bed & Breakfast : à partir de 102 €/nuit).

Shopping Cadeaux

Virginie Monroe

Bijoux 16 Plan I8

Après ses débuts à Paris, Virginie Monroe est venue installer sa fabrique de bijoux dans le Sud. Chaque saison, elle ajoute des nouveautés pleines de fantaisie. Laiton doré à l'or fin, pierres fines et émail : une collection raffinée dont raffolent les Marseillaises, légèrement influencée par les Arts déco et réalisée dans l'atelier qui jouxte la boutique. On y trouve également les chaussures Massalia et des articles de déco (HK Living, Hübsch, céramiques locales Roraima).

217, bd de la Libération, 4e arr. • M° Cinq Avenues/Longchamp• 04 91 07 80 90 • www.virginiemonroe.com • Mar.-sam. 10h30-13h30 et 15h-19h • Charm : à partir de 15 €, bijoux : à partir de 36 €.

POISSONS ET CRUSTACÉS LE BEST-OF

Marseille a les pieds dans l'eau. Alors, de la mer à l'assiette, il n'y a qu'un pas ! Les rues de la ville regorgent de restaurants qui cuisinent les produits de la mer. Entre aïoli, bouillabaisse, sardinade, poissons frais et fritures, difficile de faire son choix ! Voici nos conseils avisés.

Au Bout du Quai

Ici, les poissons viennent directement de la criée. Le must ? Leur daurade royale.

Voir p. 56, le Mucem et la Major.

La Boîte à Sardine

Chez Fonfon

Sa bouillabaisse passe pour être l'une des meilleures en ville depuis des décennies.

Voir p. 133, le long de la corniche Kennedy.

La Boîte à Sardine

C'est un poissonnier, un vrai, qui régale ! Festin assuré entre calamars, anémones de mer, poissons et couteaux.

Voir p. 26, le Vieux-Port et la Canebière.

Chez Vallès

Le restaurant le plus iodé du quartier, avec des poissons frais, entiers et grillés.

Voir p. 118, le sud du Vieux-Port et Notre-Dame.

MARSEILLE SOUS LES PROJECTEURS

Théâtrale, colorée, bouillonnante et gouailleuse, Marseille est une ville faite pour le 7e art. Née au cinéma avec les frères Lumière, puis popularisée par Marcel Pagnol, la cité phocéenne continue d'attirer les réalisateurs : Luc Besson, Ridley Scott, Robert Guédiguian, Olivier Marchal et Cédric Jimenez y ont posé leurs caméras. Bienvenue dans un décor de cinéma.

Au temps du muet

On doit aux **frères Lumière** la première apparition de Marseille au cinéma. En 1895, ils filment la très célèbre *Arrivée d'un train à La Ciotat*. À l'époque, la production cinématographique se limite au documentaire mais, dès 1916, elle prend une autre envergure. Plusieurs notables de la ville créent une société de production de films muets : **Phocéa-films.** Installé dans la banlieue de Marseille, c'est le premier studio de province. De nombreux films y seront tournés dans les années 1920.

L'empreinte de Marcel Pagnol

L'enfant du pays a marqué l'histoire du cinéma marseillais. Dès 1933, il fonde sa société de production, qu'il agrandit plus tard en installant un studio et des annexes techniques près de l'avenue du Prado. Il y réalise plusieurs films. En 1940, de nombreuses vedettes fuient l'Occupation, et les studios de Marseille sont, pendant quelques mois, les seuls à fonctionner en France. **Pagnol** rachète alors le **château de La Buzine** (p. 171) afin d'en faire un petit Hollywood. L'occupation allemande met un terme au projet ; Pagnol abandonne ses studios à la Libération.

Le studio Ricard

En 1949, l'industriel **Paul Ricard** investit pour créer une société de production cinématographique (Protis-films) et financer le tournage de *La Maison du printemps*, qui est un des premiers films français en couleurs. Il fait construire, dans sa propriété du quartier de Sainte-Marthe, un immense complexe cinématographique. Inaugurés en 1952, les **studios Ricard** permettent de réaliser en autonomie plusieurs films, dont le fameux *Honoré de Marseille* avec **Fernandel** (1956). Après une vingtaine de productions, Paul

Ricard met fin à cette expérience au début des années 1960.

Le Pôle Media de la Belle de Mai

En 2004, la municipalité inaugure une structure audiovisuelle ambitieuse dans l'ancienne friche de la manufacture des tabacs (p. 74). Sur 24 000 m², le pôle média comprend trois plateaux de tournage, des loges, des constructions de décor, des locaux techniques et des studios de télévision. Son plus gros succès ? Les tournages du feuilleton ***Plus belle la vie.*** Grâce à ce **Pôle Média** et au **Bureau du Cinéma** créé par la Ville en 1996, Marseille est aujourd'hui fière d'accueillir chaque année plus ou moins 350 tournages, un chiffre en hausse constante. Ville la plus filmée de France juste derrière Paris, ses tournages rapporteraient 30 millions d'euros à l'économie locale.

Un décor de rêve

Marseille offre des **décors naturels** cinématographiques. Parmi eux : la gare Saint-Charles et sa fameuse volée de marches immortalisée en 1988 dans le biopic de Jacques Demy sur Yves Montand, *Trois Places pour le 26* ; le petit port de pêcheurs du vallon des Auffes qu'on aperçoit dans *The French Connection* et qui fut aussi le lieu de retrouvailles de Monica Bellucci et de Jacques Dutronc en 2007 dans *Le Deuxième Souffle* ; le quartier du Panier fut le théâtre d'affrontement de deux géants – Delon et Belmondo dans *Borsalino* ; alors que l'Estaque est depuis plusieurs années le terrain de jeu préféré de Robert Guédiguian. Les décors et les visages de Marseille sont tels qu'en 2017, ils ont même inspiré à Netflix sa première série française, simplement baptisée *Marseille.* Dans les rôles principaux ? Gérard Depardieu et Benoît Magimel. ■

Marseille sur grand écran

1931 : *Marius* d'A. Kordas.
1932 : *Fanny* de M. Allégret.
1936 : *César* de M. Pagnol.
1952 : *Manon des sources* de M. Pagnol.
1970 : *Borsalino* de J. Deray.
1984 : *Marche à l'ombre* de M. Blanc.
1997 : *Marius et Jeannette* de R. Guédiguian.
1998 : *Taxi* de G. Krawczyk.
2002 : *Marie-Jo et ses deux amours* de R. Guédiguian.
2007 : *Le Deuxième Souffle* d'A. Corneau.
2008 : *MR-73* d'O. Marchal.
2009 : *L'Immortel* de R. Berry.
2010 : *Comme un aimant* d'Akhenaton et K. Saleh.
2014 : *La French* de C. Jimenez.
2016 : *Marseille* de K. Merad.
2017 : *Corniche Kennedy* de D. Cabrera.
2020 : *Stillwater* de T. McCarthy.

6

NOAILLES
ET LA PLAINE

Le « Montmartre » de Marseille, moitié artiste et étudiant, moitié cosmopolite et exotique, va vous en mettre plein les yeux et les oreilles ! Entre le joyeux bazar épicé propre à Noailles, la bohème artistique et les murs tagués du « cours Ju », et les bistrots de la place Jean-Jaurès qui s'animent dès l'heure de l'apéro, voici un quartier vivant qui mérite qu'on s'y attarde.

Rue Pastoret, perpendiculaire au cours Julien

1 La rue d'Aubagne✦✦

Plongez dans une Marseille exotique en diable et cosmopolite en remontant cette rue sinueuse qui enjambe le cours Lieutaud et grimpe jusqu'à la place Paul-Cézanne. Tristement célèbre pour les effondrements d'immeubles qui y ont eu lieu le 5 novembre 2018 (aux n°s 63 et 65 de la rue) et qui ont profondément marqué le quartier, créant un grand élan de solidarité, elle est truffée de restaurants maghrébins et de bouis-bouis africains, et mérite quelques arrêts : au n° 14, **Chez Jacques** est le dernier comptoir paysan à vendre lait cru et lait caillé ; au n° 34, c'est l'odeur de l'encens et des épices qui vous guidera jusqu'à l'**Univers Alimentaire.** Un vrai bazar à ciel ouvert !

2 Le marché des Capucins✦

Ce petit marché alimentaire a des parfums d'Orient et de Méditerranée. On y trouve des fruits et légumes, exotiques ou non, des poissons, des échoppes de restauration orientale sur le pouce et une quantité impressionnante d'épices odorantes et d'herbes fraîches qui ornent la devanture des petits bazars.

Rues Longue-des-Capucins, Halle-de-la-Croix et pl. du Marché-des-Capucins, 1er arr. • Lun.-sam. 8h-19h.

3 Le théâtre des Bernardines✦

Cette chapelle du XVIIIe s., facile à reconnaître avec son dôme, fut successivement couvent, entrepôt, caserne et salle de bal, avant de devenir théâtre d'art et d'essai en 1987. Les Marseillais disent que c'est leur Panthéon et leur Saint-Pierre tout à la fois, toutes proportions gardées ! La programmation artistique, plutôt avant-gardiste, mise sur la performance et l'innovation. À deux pas de là, jetez un œil au **lycée Thiers** : le plus ancien de la ville (1802). Marcel Pagnol, Édouard Balladur et le metteur en scène Daniel Mesguich y furent élèves (5, place du Lycée).

17, bd Garibaldi, 1er arr. • ✆ 04 91 24 30 40 • www.lestheatres.net • Horaires sur le site • Billets : 10-45 €.

4 Le palais des Arts✦

Ce gigantesque bâtiment fut construit au XIXe s. pour accueillir l'école des Beaux-Arts et la bibliothèque de la ville. Sa façade est riche de médaillons et d'allégories sculptées représentant les arts et les sciences. Aujourd'hui, il héberge encore le Conservatoire national de musique mais, depuis 2013 et le déménagement de la Fondation Regards de Provence à la Station sanitaire (p. 56), il ne se visite plus.

2, pl. Carli, 1er arr. • Ne se visite pas.

5 Le cours Julien✦✦

Passé le bruyant **cours Lieutaud** (jetez tout de même un œil au bel

Pause gourmande : L'Idéal

Julia Sammut est la tête chercheuse de cette épicerie nouveau genre. Fille de restaurateurs, elle n'a pas son pareil pour dénicher le meilleur des produits d'ici et d'ailleurs. À midi, les places sont chères pour décrocher une des tables dressées dans les allées. La carte change tous les jours selon le stock et les arrivages, mais il y a de fortes chances d'y croiser sandwichs tunisiens, falafels, tartines ultra-généreuses, tourtes et salades. Bon, beau, gourmand et service enjoué. Seul hic : les prix, plus proches de ceux de Paris que de Noailles.

23 plan D3-4 • *11, rue d'Aubagne, 1er arr. • ✆ 09 80 39 99 41 • www.epicerielideal.com • Mar.-sam. 10h-19h.*

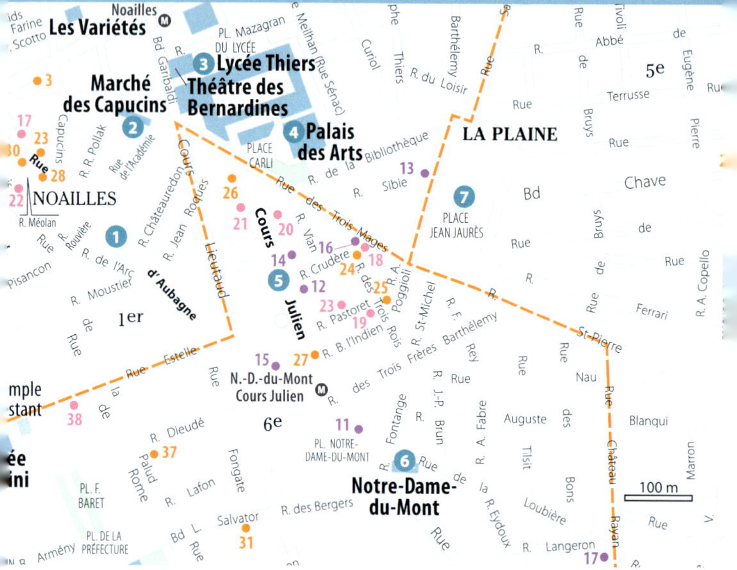

immeuble à cariatides du n° 25) réhabilité, on retrouve le calme du cours Julien bordé d'arbres, dont la partie supérieure, où se trouvent la plupart des restaurants et des bars avec terrasse, est piétonne. Artistes, étudiants et jeunes créatifs branchés y ont élu domicile, séduits par cette ancienne promenade ouverte à la fin du XVIIIe s. entre les places Carli et Cézanne.

Le cours Julien s'anime avec son **marché paysan** le mercredi (8h-13h) – les Marseillais, friands de ses primeurs et ses producteurs locaux, ne manquent alors pas de s'attarder aux terrasses des cafés alentour. Il accueille également le marché aux timbres tous les dimanches, ainsi que le **marché aux livres anciens** le 1er samedi de chaque mois. Les **ruelles** alentour (rues Crudère, Pastoret, Bussy l'Indien, entre autres) sont célèbres pour leurs fresques de street art. L'occasion d'une jolie balade pour rejoindre la place Jean-Jaurès (La Plaine, ci-contre).

6 L'église Notre-Dame-du-Mont**

Le style néoclassique propre au XIXe s. s'affiche sur la façade de Notre-Dame-du-Mont. À l'intérieur, la décoration de la nef par le peintre Pinta célèbre la glorification de la Vierge. Dans une chapelle latérale, côté

Cours Julien

nord, un tableau de Michel Serre représente une belle Vierge à l'Enfant. Pour l'anecdote, c'est ici que Chopin joua de l'orgue à son retour de Majorque, accompagné de George Sand.

Pl. Notre-Dame-du-Mont, 6e arr. • 04 91 48 36 96 • http://nd-du-mont.paroisse.net • Lun.-sam. 10h-12h et 16h-18h • Accès libre.

7 La Plaine**

La Plaine, c'est le surnom de la **place Jean-Jaurès.** Entre ses terrasses de café, son minijardin et son marché, c'est une institution du quartier. Elle est fréquentée à toute heure du jour et de la nuit.

Restos | Bars | Hôtels | Shopping | Activités

Restos Bistrots

L'Arôme

Cuisine de marché 24 Plan D4

C'est le genre d'adresse planquée que les Marseillais préféreraient garder pour eux. Chaque jour, Romain fait son marché avec des produits frais et concocte une carte inventive pleine de saveurs. Imaginez un *roll up* de tourteaux et de courgettes aux citrons confits ! Original, généreux et succulent. Sa femme, Marilyne, se charge du service et vous conseille des vins au verre simplement extra. Un conseil ? Ne faites surtout pas l'impasse sur les desserts

9, rue des Trois-Rois, 6e arr. • M° Notre-Dame-du-Mont • 06 17 79 19 97 • Lun.-sam. 19h30-23h • Menus : 29 et 32 €.

L'Éléphant Rose à Pois Blancs

Glacier, bistrot 25 Plan D4

Gingembre ou fleur d'oranger ? Yaourt ou chocolat amer ? Cet artisan glacier propose une vingtaine de parfums différents de glaces et de sorbets, tous réalisés à partir des produits du marché. Le midi, on s'y attable pour savourer une cuisine du jour : tartes et salades l'été ; tartes et soupes l'hiver (7 € les deux). Amis carnivores, passez votre chemin : cet éléphant-là ne cuisine ni viande ni poisson. Mais si l'envie de croquer un *veggie burger* vous vient, allez-y !

25, rue des Trois-Rois, 6e arr. • M° Notre-Dame-du-Mont • 04 91 47 34 68 • www.elephantroseglacier.fr • Mai-sept. : t.l.j. 12h-minuit; oct.-avr. : mar.-mer. 12h-19h30, jeu.-sam. 12h-minuit, dim. 14h-19h30 • Boule de glace : 3 €.

La Cantinetta

Trattoria 26 Plan D4

Quelques années ont suffi pour faire de cette trattoria une des adresses les plus branchées du « Cours Ju ». Grand choix de pâtes maison (raviolis à la *burrata*, cannellonis à la viande, *linguine alla putanesca*) et de spécialités méditerranéennes : *antipasti* de légumes grillés accompagnés de parme, risotto crémeux, pain perdu de panettone et sorbet au *limoncello*. Le plus ? La possibilité de manger à l'ombre d'un platane dans le patio dès qu'il fait beau. Le moins ? La réservation obligatoire.

24, cours Julien, 6e arr. • M° N.-D.-du-Mont ou Noailles • 04 91 48 10 48 • www.restaurantlacantinetta.fr • Lun.-sam. 12h-14h et 19h30-22h30 • À la carte : 30-40 €.

Ego

Glacier 27 Plan D4

Des glaces et des sorbets artisanaux à gogo : des crémeuses, des bio, des vegan au lait de coco et des sans gluten ! Tout est en libre-service : on pioche dans les bacs, on remplit son pot et on y ajoute – ou pas – des toppings avant de payer au poids (4 € env. les 100 g). Il fait trop froid pour une glace ? Pas de panique, Ego sert aussi des formules gourmandes à base de crêpes et de gaufres belges. Ultra-gourmand et régressif.

73, cours Julien, 6e arr. • M° Notre-Dame-du-Mont ou Noailles • 09 81 71 51 34 • www.glaces-ego.com • T.l.j. 12h-19h (minuit juin-sept.).

Chez Sauveur

Pizzéria 28 Plan D4

Le propriétaire a conservé l'ambiance et la cuisine de cette pizzéria fondée en 1943 et fréquentée par de nombreux

La Cantinetta

habitués. Au menu, une vingtaine de pizzas réalisées à l'italienne, avec un assaisonnement à base de tomates fraîches, mais aussi des pieds paquets, des lasagnes et des grillades au feu de bois. On peut également emporter une « anchois » ou une « fromage » en l'achetant directement au petit kiosque à pizzas ouvert sur la rue d'Aubagne (9 € env. la pizza, 3 € env. la part).

10, rue d'Aubagne, 1er arr. • M° Noailles • 04 91 54 33 96 • www.chezsauveur.fr • Mar.-sam. 11h30-14h et 19h30-22h • Pizzas : 10-18 €.

Georges

Bistrot 29 Plan E3

Rempli d'habitués de tous âges qui se claquent la bise dès le matin autour d'un café, Georges mijote le midi une cuisine de marché inventive et ultrafraîche. Griffonné sur l'ardoise, le menu se renouvelle sans cesse à coups de légumes de saison escortés de ricotta et de citron confit, de salade César (14 €), de gigot d'agneau ou de crème à l'amaretto. Prix serrés, bon accueil, jolie terrasse ensoleillée et superbes assiettes : un bon plan que les Marseillais hésitent à partager ! Le soir, la carte se restreint sous forme de pizzas et de produits artisanaux.

115, bd Chave, 5e arr. • Tram T1 (arrêt George) • 09 84 30 53 28 • Mar.-sam. 8h-22h (21h l'hiver) • Verre de vin : 3 €.

Chez Yassine

Tunisien 30 Plan D4

Pour un aller-retour direct à Tunis, c'est ici qu'il faut venir. Ce snack familial vous initiera au *leblebi*, une soupe épicée de pois chiches, servie avec ou sans œuf (6 € env.), et au *kefteji*, une sorte de ratatouille au foie de veau. À la carte aussi : des sandwichs, des salades et des bricks au thon. Service rapide, enjoué et prix tout doux. Et si vous avez encore une petite faim après ça, poussez la porte d'à côté pour goûter aux pâtisseries orientales de Carthage.

8, rue d'Aubagne, 1er arr. • M° Noailles • ☎ 09 80 83 39 13 • Mar.-dim. 11h-21h30.

Green Love

Fast-food bio 31 Plan D4

Un bar à jus doublé d'une cantine végétale. La chose est encore suffisamment rare à Marseille pour attirer les curieux, les *veggies*, les étudiants et les *foodies*. Sourire aux lèvres, Sarah et Maxime cuisinent chaque jour burger végétal, *bowl* chaud et *bowl* froid. Ici, tout est fait maison avec des produits bio, raisonnés et le plus souvent locaux. À noter : de nombreux desserts sont aussi sans gluten.

22, bd Louis-Salvator, 6e arr. • M° Notre-Dame-du-Mont ou Estrangin Préfecture • ☎ 04 88 86 82 75 • www.greenlove.fr • Jeu.-dim. 12h-14h30, ven. 19h-21h30 • Formule plat et jus : 15 € env.

Bars, clubs Sorties

Le Bar du Marché

Bar de quartier 11 Plan D4

Branché ? Non. Mais authentique, oui ! Tous les habitants du quartier s'arrêtent à sa grande terrasse ouverte dès l'aube. Les soirs de match, quand l'OM joue, les patrons installent les télés en terrasse et tous les clients se tournent vers elles. Le bon plan ? Commander un pastaga ou une Cagole avant de s'installer en terrasse tout en partageant une pizza « moitié-moitié » achetée dans le camion-pizza installé sur la place. Difficile de faire plus marseillais !

15, pl. Notre-Dame-du-Mont, 6e arr. • M° Notre-Dame-du-Mont • T.l.j. 6h-1h30 (7h le dim.) • Bière pression : 2,50€ ; Pastis : 2 €.

Le Vidéodrome 2

Bar, cinéma 12 Plan D4

C'est le rendez-vous de tous les cinéphiles de la ville. Ce vidéoclub de films rares se double depuis 2015 d'un coin librairie, d'un bistrot et d'une salle de projection. Chaque semaine, 6 films tendance « art et essai » sont programmés le soir. Avant et après chaque projection, abonnés, amateurs et étudiants se retrouvent sur la terrasse autour d'un verre pour entamer des discussions à bâtons rompus.

49, cours Julien, 6e arr. • M° Notre-Dame-du-Mont • ☎ 04 91 42 75 41 • www.videodrome2.fr • Mar. 17h-1h, mer. 15h-1h, jeu.-ven. 17h-2h, sam. 15h-2h, dim. 17h-minuit • Verre de vin : à partir de 2,70 € ; bière de la Plaine : 3,80 € les 25 cl.

Au Petit Nice

Bar étudiant 13 Plan D4

Vous ne pouvez pas manquer sa grande terrasse au bout de la rue Sibie : elle est toujours remplie. Ce bar chaleureux tenu par un ancien boxeur est une institution. Et c'est aussi le QG des étudiants : le pastis est un des moins chers du quartier. Animé et convivial : l'adresse parfaite pour l'apéro.

28, pl. Jean-Jaurès, 5e arr. • M° Notre-Dame-du-Mont • Mar.-sam. 9h-1h • Bière pression : à partir de 2 € ; pastis : 1,50 €.

Espace Julien

Salle de concerts 14 Plan D4

C'est le poumon musical du cours Julien. Installée depuis 1984 dans les locaux d'une ancienne friche maraîchère, cette scène dédiée aux musiques actuelles a déjà vu défiler des centaines d'artistes venus du rock, du rap, du hip-hop et de la chanson française (Jacques Higelin, Têtes Raides, The Gladiators, Shaka Ponk, Kid Francescoli...). Pour les premières parties et les *afters*, les programmateurs mettent l'accent sur les artistes locaux. Et pour boire un verre avant ou après le spectacle, rendez-vous au **Café Julien** situé juste à côté.

39, cours Julien, 6e arr. • M° Notre-Dame-du-Mont • ☎ 04 91 24 34 10 • www.espace-julien.com • Horaires et tarifs selon programmation.

Le Pulse

Bar gay-friendly 15 Plan D4

Un nouveau bar LGBT et *gay-friendly* à l'accueil vraiment cool ! On y danse toutes les fins de semaine dans une salle baignée de lasers et de boules à facettes avec des soirées DJ à base de sons électro et house. Ambiance plus lounge la semaine. L'été, on profite de sa terrasse ; l'hiver, on grimpe à l'étage pour s'installer autour des canapés.

94, cours Julien, 6e arr. • M° Notre-Dame-du-Mont • ☎ 04 96 12 08 47 • Mar.-sam. 17h-2h • Bière : env. 3 € ; cocktails : 5-7 €.

Le Petit Pernod

Bar de quartier 16 Plan D4

Ouvert en 1925, il passe pour être le plus vieux bar du quartier. Depuis 2005, c'est Nassima qui le gère. Ouvert non-stop, ce rade resté dans son jus bat son plein dès l'heure de l'apéro. Faites comme les habitués : installez-vous autour d'un verre sur sa terrasse et filez prendre des panisses et des calamars chez Gilda, situé juste en face. Simple, authentique et vraiment chaleureux !

30, rue des Trois-Mages, 6e arr. • M° Notre-Dame-du-Mont ou Noailles • T.l.j. 7h-2h • Bière pression : 2,50 € ; pastis : 2 €.

Bar du Mama Shelter

Bar, cocktails 17 Plan E4

Dans un quartier un peu pauvre en adresses du soir, le Mama Shelter est une valeur sûre. Entre le bar à pastis (4 €) de la terrasse, la carte de cocktails (12 €) qui se renouvelle chaque saison, le baby-foot géant et les soirées DJ le week-end, impossible de s'ennuyer. Un cadre ludique et un service aussi efficace qu'attentionné, pour passer un bon moment.

64, rue de la Loubière, 6e arr. • M° Notre-Dame-du-Mont ou Baille • 04 84 35 20 00 • www.mamashelter.com • T.l.j. 11h-minuit • Verre de vin : à partir de 6 €.

Mama Shelter

Hôtels B&B

Le Saint-Louis

Hôtel écolo Plan C3

Un hôtel écologique en plein Noailles ! Chambres charmantes et coquettes toutes équipées d'une literie confortable, d'un bureau, d'une télé et d'une station d'accueil iPod-radio. Attention à ne pas confondre l'entrée de l'hôtel avec celle du meublé Saint-Louis situé juste à côté… Les clients se trompent assez souvent.

2, rue des Récolettes, 1er arr. • M° Noailles • 04 91 54 02 74 • www.hotel-maison-saintlouis.com • À partir de 108 € ; petit déj. bio : 12 €.

Mama Shelter

Hôtel design Plan E4

Vous cherchez un endroit tout en un où dormir, manger et faire la fête ? Direction le Mama Shelter. Impossible de s'ennuyer dans ce cocon design à la déco brute et épurée : chambre high-tech, film gratuit, resto, bar à pastis, baby-foot, soirées DJ… Et le dimanche, c'est brunch ! Personnel jeune, branché, sympathique et plein de bons conseils.

64, rue de la Loubière, 6e arr. • M° Notre-Dame-du-Mont • 04 84 35 21 00 • www.mamashelter.com/marseille • De 79 à 149 € ; petit déj. : 18 €.

Le Ryad Hôtel

Hôtel de charme Plan D3

Tomettes au sol, lit en fer forgé, méridienne, alcôve, bougies et lampes en cuivre : le Ryad est une oasis marocaine à deux pas de la Canebière. Il y a même un patio planté d'arbustes et de fleurs, dont tout le monde profite, et un petit déjeuner-buffet à la franco-marocaine.

16, rue Sénac-de-Meilhan, 1er arr. (Plan D3) • M° Noailles • ☏ 04 91 47 74 54 • www.leryad.fr • De 100 à 120 €; petit déj. : de 6 à 13 €.

Shopping Cadeaux

Maison Empereur

Quincaillerie, déco 17 Plan C3-D3

Vous cherchez l'âme de Marseille? Aventurez-vous dans le labyrinthe de cette quincaillerie installée là depuis 1827. À la tête de cette institution que tous les Marseillais fréquentent, la sixième génération de la famille Guez! Agrandie et modernisée, la boutique possède un magnifique rayon jouets traditionnels, et dispose maintenant d'un salon de thé et d'un petit musée. Elle est la seule à proposer des emporte-pièces en forme de Bonne Mère (7 € env.)! Tout n'est pas donné, mais « quand on cherche quelque chose à Marseille, on le trouve ici! », foi de vendeur!

4, rue des Récolettes, 1er arr. • M° Vieux-Port ou Noailles, tram T2 (arrêt Canebière Capucins, T3 arrêt Cours Saint Louis) • ☏ 04 91 54 02 29 • www.empereur.fr • Lun.-sam. 9h-19h.

Sepia Swing Club

Friperie 18 Plan D4

Voici une jolie friperie dont on apprécie les atouts : un goût très sûr, une panoplie triée sur le volet et très large qui va des années 1930 aux *seventies*. Comparée à d'autres, on y trouve aussi un très joli rayon de lingerie féminine et de déshabillés. Sans compter les santiags, une des obsessions de Marion, la créatrice des lieux!

38, rue des Trois-Mages, 6e arr. • M° Notre-Dame-du-Mont • ☏ 06 64 20 32 31 • Mar.-ven. 14h30-19h30, sam. 11h-19h30.

Cherry Bones

Sacs, accessoires 19 Plan D4

Cherry Bones, alias Sylvie Vogl, est une hyperactive douée de ses mains. Toute la journée, vous la verrez découper des cuirs irisés et coudre des tissus Liberty. Le résultat? Des sacs délicats et des pochettes astucieuses, des bijoux colorés et poétiques tous quasi uniques. Tout ça à des prix plus que raisonnables : 12 € la pochette en tissu, 15 € le porte-cartes en cuir et 20 € les boucles d'oreilles!

28, rue Pastoret, 6e arr. • M° Notre-Dame-du-Mont • ☏ 06 62 74 48 22 • Facebook : Cherry Bones • Mar.-sam. 10h-19h.

Cinésud

Affiches

20 Plan D4

L'endroit ne paie pas de mine, mais là n'est pas l'essentiel : depuis 1997, Éric propose sur le cours Julien un fonds incroyable d'affiches de cinéma en tout genre (plus de 30 000 au total !). Que des originales. Tout est répertorié par genre, par pays et par ordre alphabétique. Les prix démarrent à 16 € (format 120 × 160 cm) pour les affiches récentes, et s'envolent plus les affiches sont anciennes, rares et recherchées.

19, cours Julien, 6e arr. • M° Notre-Dame-du-Mont • 04 91 48 66 34 • www.cinesud-affiches.com • Mar.-sam. 11h30-19h.

Savonnerie Marseillaise de la Licorne

Savons

21 Plan D4

Cette savonnerie artisanale s'est installée en 1998 dans le quartier du cours Julien. Aux commandes, la famille Bruna, qui travaille sur des machines de plus de 100 ans qu'elle a plaisir à montrer aux clients de passage. Au magasin, vous trouverez des savons aux pépins de raisin, aux senteurs de Provence et même au pastis, réalisés avec les parfumeurs de Grasse. Comptez 25 € la boîte de neuf cubes. Autre adresse 24, quai de Rive-Neuve (Plan H8 ; t.l.j. 10h-20h).

• 34, cours Julien, 6e arr. • M° Noailles ou N.-D. du Mont • 04 96 12 00 91 • ww • Lun.-ven. 9h-19h, sam. 10h-19h • Visite gratuite de l'atelier de fabrication : lun.-sam. à 11h, 15h et 16h.

L'Herboristerie du Père Blaize

Herboristerie

22 Plan C-D4

Depuis 1815, la famille Blaize tient cette pharmacie-herboristerie qui a gardé ses belles boiseries. Martine Bonnabel-Blaize, arrière-petite-fille du fondateur Toussaint Blaize, est aux commandes de cette institution qui prépare baumes, gélules, potions, tisanes (4-18 €) et autres huiles de massage pour soulager les petits maux.

4, rue Méolan et du Père-Blaize, 1er arr. • M° Vieux-Port ou Noailles, tram T2 (arrêt Canebière Capucins), T3 (arrêt Cours Saint Louis) • 04 91 54 04 01 • www.pereblaize.fr • Mar.-sam. 9h30-18h30.

L'Entrepôt

Déco, design

23 Plan D4

Selon les arrivages, on trouve ici des lampes design, des fauteuils Acapulco, des tables à pieds compas, des tapis en matières recyclées, du linge de maison, des vases et des objets taillés pour le quotidien. Les prix démarrent à 5 € et grimpent jusqu'à 700 € pour un buffet. Au moment de Noël, la boutique regorge de gadgets rigolos et d'idées cadeaux à prix sympas.

13, rue Pastoret, 6e arr. • M° Notre-Dame-du-Mont • 04 91 92 61 81 • www.boutiquelentrepot.com • Lun.-sam. 10h-19h.

NOS BOUTIQUES MADE IN MARSEILLE

Si l'artisanat traditionnel perdure ici grâce à des symboles forts tel le savon de Marseille, il n'est pas toujours facile pour le visiteur de démêler le vrai du faux. Alors, que vous souhaitiez rapporter dans votre valise un cadeau typique de la ville ou une trouvaille plus insolite, suivez nos conseils.

La boutique Marcel Pagnol

Une boutique ouverte par les petits-fils de Marcel Pagnol… Exclusivités et raretés à la clé.

Voir p. 47, Le Panier.

Savonnerie marseillaise La Licorne

Ici, pas d'erreur possible sur la marchandise : les savons sont garantis 100 % made in Marseille.

Voir p. 92, Noailles et la Plaine.

L'Herboristerie du Père Blaize

Quoi de plus local qu'une infusion concoctée dans cette herboristerie historique de Noailles ?

Voir p. 92, Noailles et la Plaine.

L'Herboristerie du Père Blaize

Sacs Mary

Des sacs et de la maroquinerie en cuir sur mesure, faits presque sous vos yeux dans l'atelier !

Voir p. 124, Le sud du Vieux-Port et Notre-Dame.

SAVONNERIES ET SANTONNIERS

Marseille ne serait pas vraiment Marseille sans ses fameux savons. Partout en ville, les cubes à l'huile d'olive vous feront de l'œil. Malgré la concurrence, quelques fabricants continuent de perpétuer la tradition et le savoir-faire qui ont permis à la ville de se développer tout au long du XIXe s. Les santons, eux, n'ont jamais eu à souffrir d'une quelconque concurrence : depuis le début, ils sont fabriqués de manière artisanale et font encore vivre aujourd'hui quelques artistes de Marseille.

Le fruit de l'olivier

Au début de notre ère, le **savon** est issu d'un mélange de cendres de hêtre et de graisse de chèvre ! Il faut attendre le retour des croisades pour que la recette du savon à l'huile d'olive, une spécialité d'Alep, en Syrie, se répande en France, et surtout à Marseille. C'est facile et naturel : la culture de l'**olivier** y existe déjà et l'huile est commercialisée par les négociants installés sur le Vieux-Port. Ce sont eux qui, dès le XIVe s., utilisent les résidus pour se lancer dans la fabrication de savons à base d'**huile d'olive** et de **soude.** Cette industrie se développe et, en 1688, un édit de Colbert en fixe les normes de fabrication : pour revendiquer l'appellation **« savon de Marseille »**, seules sont autorisées les huiles d'olive pures, pas les huiles animales. La consommation de savon va crescendo et la fabrication artisanale devient industrielle. Au XVIIe s., Marseille compte 7 fabriques et produit

Savonnerie Le Sérail

20 000 t de savon. Un siècle plus tard, elles sont 48 savonneries à fabriquer 76 000 t de ce savon à la couleur verte. Plus de 600 ouvriers y travaillent.

Trop de concurrence

Carrefour de tous les échanges, Marseille s'impose vite comme le premier fabricant français. Pendant deux siècles, les affaires sont florissantes : la ville compte 90 savonneries en 1900 et la fabrication se diversifie. Un deuxième savon, à base d'huiles de palme et d'arachide, fait son apparition. Mais après la Seconde Guerre mondiale, l'industrie de la savonnerie décline. En cause : l'arrivée de la machine à laver, l'utilisation des détergents chimiques et la concurrence des savons fabriqués loin et à bas prix. Aujourd'hui, seules quelques marques continuent de produire le fameux cube estampillé **« 72 % d'huile, Extra pur »** : elles surfent sur son côté **naturel et biodégradable** pour convaincre une nouvelle génération de consommateurs.

L'art du santon

Autre emblème de la Provence et de Marseille : le **santon.** Autrefois, ces petits **sujets en terre cuite** étaient déjà fabriqués pour la crèche. Mais on utilisait ce qu'on avait sous la main : plâtre, cire, mie de pain et même du verre filé. La première apparition à Marseille de ce **petit personnage en argile** remonte à la fin du XVIIIe s. On imagine que c'est l'interdiction des messes de minuit décidée après la Révolution française qui donna envie aux croyants de créer leur propre crèche chez eux. Depuis, la période de Noël est l'occasion pour tous les santonniers de la région de pratiquer leur art et de transformer l'argile rouge en minifigurines inspirées des personnages bibliques (« santon » vient du provençal *santoun*, « petit saint »). Ici, on voue un culte à cette tradition encore bien présente.

À **Aubagne** (p. 171), la ville a même ouvert un espace patrimonial dédié au santon dans les anciens ateliers de Thérèse Neveu, une santonnière du début du XXe s., dont le travail inspire encore aujourd'hui les nouvelles générations de santonniers (Le Petit Monde de Marcel Pagnol • 4, cour de Clastre ☎ 04 42 03 43 10, mar.-dim. 10h-12h30 et 14h-18h).

Foire aux santons

Aubagne et Marseille ont chaque année leurs foires aux santons. Celle de Marseille a lieu de la mi-novembre à début janvier, habituellement au Vieux-Port (I7). À Aubagne, deux foires aux santons s'installent sur le cours Foch : en été (juil.-août), et en hiver (fin nov.-31 déc.). Tous les 2 ans (en décembre les années paires), la ville organise également une biennale de l'art santonnier.

DE LA PRÉFECTURE À CASTELLANE

7

Bienvenue dans la Marseille du commerce, de la justice et des affaires. À quelques encablures du Vieux-Port, on remonte la rue Paradis en bifurquant tout autour pour ne rien louper des hôtels particuliers, des fontaines et des belles façades qui la cernent. Ici, le shopping est roi entre les boutiques de la rue Saint-Ferréol et les antiquités qui ont envahi les alentours de la rue Edmond-Rostand. Besoin d'une pause culture ? Direction le musée Cantini et les galeries d'art qui ont investi le quartier.

Place Castellane

1 Le musée Cantini✦✦

Cet ancien hôtel particulier du marbrier Jules Cantini (qu'il a légué à la Ville) est devenu un musée d'art moderne en 1936. Sa collection permanente (1er étage) se concentre sur la période 1900-1960 – fauvisme, cubisme, néo-impressionnisme et surréalisme – et compte de grands noms de l'art tels Dubuffet, Picasso, Bacon, Dufy, Miró, Alechinsky ou Arp, et d'autres moins connus comme Louis-Mathieu Verdilhan, artiste qui a beaucoup peint le Vieux-Port de Marseille. Au rez-de-chaussée, le musée organise de grandes expositions temporaires toujours très courues.

19, rue Grignan, 6e arr. • ☎ 04 13 94 83 30 • https://musees.marseille.fr/musee-cantini-0 • Mar.-dim. 9h-18h; ouv. lun. de Pâques et de Pentecôte, f. 1er mai, 1er janv., 1er et 11 nov. et 25-26 déc. • Entrée : 9 € (gratuit 1er dim. du mois) • Collection permanente f. jusqu'à mi-2022.

2 Le cours Pierre-Puget et la place Estrangin-Pastré**

Le cours Pierre-Puget, très agréable avec ses arbres et ses beaux immeubles du XIXe s., longe la place Monthyon. Suivez-le jusqu'à la jolie place Estrangin-Pastré. Ornée d'une fontaine qui symbolise Marseille, le jeune Mercure et les différents continents, elle est bordée de superbes bâtisses du XIXe s. et du début du XXe s., aujourd'hui sièges de la Banque de France et de la Caisse d'Épargne.

3 L'hôtel de la préfecture*

Cet édifice monumental du Second Empire fut construit, comme le palais de Justice (p. 99), selon les plans d'Auguste Martin. Sa façade, ornée de statues et longue de 90 m, est imposante. Pour une vue d'ensemble de ce bâtiment majestueux, vous pouvez vous promener sur l'esplanade et autour du bassin situé juste devant. La **place de la Préfecture** se poursuit par la **place Félix-Baret**, très agréable en été avec ses terrasses offertes aux promeneurs.

Pl. de la Préfecture, 6e arr. • Ne se visite pas.

4 Le quartier des Antiquaires**

Il débute à côté de la Préfecture et s'étale tout autour de la rue Edmond-Rostand. Depuis les années 1950, c'est le paradis des chineurs et des collectionneurs, qui y trouvent une concentration de brocanteurs, bouquinistes, galeries d'art, ébénistes, peintres, décorateurs et antiquaires en tout genre. Une balade d'autant plus agréable que le quartier compte de nombreux immeubles haussmanniens. Quatre dimanches dans l'année, on y organise les Journées de brocante et d'antiquités : toutes les échoppes sont ouvertes et les

Pause méditerranéenne : Piou

Entrez dans cette épicerie fine de produits méditerranéens, et vous ne le regretterez pas. Entre les biscuits aux anchois, les boîtes de sardines, les navettes, les bières artisanales, les confitures et les moutardes à la figue, Piou propose une formule du midi imbattable et délicieuse à 10 € (salade ou sandwich, dessert et boisson). À déguster sur place, au comptoir, ou à emporter pour manger sur les marches du palais de Justice tout proche.

32 plan I8 • *70, rue Grignan, 1er arr. • ☎ 09 82 36 54 46 • Lun.-sam. 10h-19h30.*

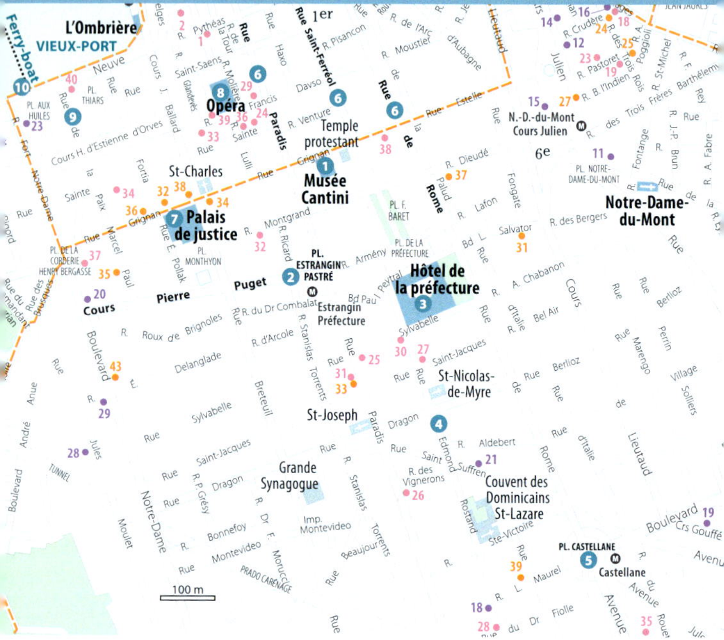

trottoirs débordent de trouvailles et de raretés en tout genre !

Rue Edmond-Rostand et adjacentes, entre les rues de Rome et Paradis, 6ᵉ arr. • www.antiquairesmarseille.com

5 La place Castellane✦

Trois grandes artères de Marseille se rejoignent place Castellane : gare au trafic ! Rythmée par les départs des bus et trams, le marché, les cinémas et les restaurants voisins, cette place très animée et hautement stratégique relie le centre-ville aux quartiers résidentiels du Prado. Une fontaine monumentale tout à la gloire du Rhône (de sa source à son embouchure) et de Marseille se dresse au beau milieu. Sculptée entre 1911 et 1913 par André Allar, elle fut ensuite offerte à la Ville de Marseille par Jules Cantini.

6 Rues Paradis, Saint-Ferréol et de Rome✦

Envie de shopping ? Direction ces trois rues parallèles bordées de boutiques en tout genre et à tous prix. La rue Paradis est la plus longue de la ville : elle s'étend sur 2,8 km, de la Canebière au Prado, et traverse trois arrondissements. Plus petite, la rue Saint-Ferréol est l'une des rares artères piétonnes de Marseille : levez le nez des vitrines des boutiques, elle regorge de très belles façades de l'Ancien Régime, des XIXe et XXe s.

7 Le palais de justice✦✦

Il a été construit dans un style néoclassique par Auguste Martin entre 1856 et 1862. Son esplanade est agrémentée d'une jolie pièce d'eau qui donne de la légèreté au bâtiment. Le fronton, qui coiffe les colonnes ioniques, a été sculpté par Eugène Guillaume : il dévoile une allégorie de la Justice.

6, pl. Monthyon, 6e arr. • Lun.-ven. 8h-12h et 13h30-17h • Accès libre.

8 L'Opéra✦

Inauguré en 1787, l'ancien Grand Théâtre est victime d'un incendie en 1919. Seuls les colonnes ioniques et l'ensemble de la façade néoclassique résistent au feu. Reconstruit dans les années 1920 dans un style Art déco, il est aujourd'hui dirigé par Lawrence Foster. Au programme : de grandes œuvres classiques et romantiques des répertoires italiens et français du XIXe s.

2, rue Molière, 1er arr. • ☎ 04 91 55 11 10 • http://opera.marseille.fr

Cours d'Estienne-d'Orves

9 Le quartier de l'ancien arsenal✦✦

Ville dans la ville, le grand arsenal des galères occupait pas moins de 195 ha. Transféré à Toulon en 1748, il est détruit et libère l'espace pour la construction d'un quartier aux lignes géométriques autour de l'actuelle **place Thiars.** À ses côtés : la **place aux Huiles,** où passait l'ancien canal renfloué au début du XXe s., et le **cours d'Estienne-d'Orves,** rénové dans les années 1980 à la manière d'une piazza italienne. Aujourd'hui, tout le quartier est occupé par des restaurants et des bars touristiques.

Pl. Thiars, cours d'Estienne-d'Orves, pl. aux Huiles, 1er arr.

10 Le ferry-boat⁺⁺

Inauguré en 1880, il relie l'hôtel de ville au nord à la place aux Huiles au sud. C'est la plus petite traversée maritime du monde : 283 m seulement ! Nommé *César* en hommage à Marcel Pagnol, qui le rendit célèbre, il fut un temps remplacé par un transbordeur à énergie solaire qui fit long feu.

Quai du Port et quai de Rive-Neuve • ☏04 91 91 92 10 • www.rtm.fr/ferry-boat • T.l.j. 7h30-20h30, f. 1er mai • Traversée : 0,50 € (appoint demandé).

Restos | Bars | Hôtels | Shopping | Activités

Restos Bistrots

Le Café Populaire

Bistronomique 33 Plan D5

Aussi connu pour sa déco vintage que pour sa cuisine méditerranéenne, ce restaurant est un des plus courus du quartier. Créé par André Gas, le créateur de bijoux, il est racheté en 2014 par Nicolas Julien et Valérie Bauzano. Attablée dans une salle tout en longueur, c'est une clientèle de branchés, de notables et d'habitués. L'ardoise déroule *linguine* aux palourdes, *burrata*, bœuf Black Angus servi avec roquette et polenta, encornets à la plancha et figues rôties.

110, rue Paradis, 6e arr. • M° Estrangin-Préfecture • ☏04 91 02 53 96 • Lun.-ven. 10h-15h et 18h30-minuit, sam. 18h30-minuit • Plats : 15-26 €.

Chicoulon

Bistronomique 34 Plan I8

Déjeuner au milieu d'une cave à vins ? Ou à l'ombre d'un platane dans un patio bien planqué ? Chez Chicoulon, vous aurez le choix ! Cette nouvelle cave à vins ouverte en famille (Édouard et sa sœur Fanny) joue la carte de la simplicité et des accords mets-vins : fondant d'agneau à la verveine, tartare de cabillaud au yuzu et plus de 300 vins disponibles. Ne loupez pas les desserts du jour, tous faits maison, présentés sur un chariot roulant !

59, rue Grignan, 6e arr. • M° Vieux-Port ou Estrangin Préfecture • ☏04 91 33 46 59 • http://chicoulon.com • Lun.-ven. 12h-14h • Entrée : 7,50 €; plat : 16 €.

Ouréa

Cuisine créative 35 Plan C4

Derrière ce nom en clin d'œil au dieu grec des montagnes se cache un joli petit restaurant

de quartier. Ici, le jeune chef Matthieu Roche sublime légumes de saison, viandes et pêche du jour, herbes fraîches qu'il twiste dans des sauces et condiments étonnants, le tout en résonance avec les saveurs méditerranéennes. L'accueil est agréable, les vins bios bien choisis et le volume sonore parfait pour un tête-à-tête.

72, rue de la Paix-Marcel-Paul, 6e arr. • M° Estrangin-Préfecture • 04 91 73 21 53 • www.ourea-restaurant.com • Mar. 12h-14h, mer.-sam. 12h-14h et 19h-22h • Menus midi : 24 et 28 €; menu soir : 45 €.

Madame Jeanne

Provençal 36 Plan I8

Adossée à une cave à vins nature, cette table se découvre au calme d'un petit patio ou dans le cadre d'une salle à la déco léchée : chaises *fifties*, banquettes couleur fauve, lampes en laiton, plantes grasses et jolies assiettes en céramique. Minimaliste et locavore, la carte se renouvelle au fil de la saison en faisant la part belle aux produits : tomates anciennes et brousse du Rove, tartare de veau et de poutargue, risotto de *fregola* et ceviche de poulpe. Et dans les verres ? Du nature forcément !

84, rue Grignan, 6e arr. • M° Estrangin Préfecture • 04 86 26 54 16 • Mar.-sam. 12h-14h et 18h-21h • Formule midi : 24 €.

O'Bidul

Cuisine de marché 37 Plan D4

Ouvert en décembre 2012, ce minirestaurant aux allures de loft new-yorkais ne désemplit jamais. La raison de ce succès ? Une cuisine de marché vive et délicieuse (ah, les rillettes de maquereaux !), un service aux petits oignons et des prix plus que raisonnables. Mais le plus bluffant, c'est que Fabrice Bazin, son jeune chef, fait tout en solo : accueil, service, cuisine et addition ! Seulement 20 couverts : réservation quasi obligatoire.

79, rue de la Palud, 6e arr. • M° N.-D. du-Mont • 04 91 33 93 78 • Mar.-mer. 12h-14h, jeu.-sam. 12h-14h et 19h-21h30 • Plat : 15 € env.; menu midi : 18 € env.

Sylvain Depuichaffray

Pâtisserie 38 Plan I8

Beaucoup de Marseillais le considèrent comme le meilleur pâtissier de la ville ! Installé dans le quartier depuis 2004 après un passage à Paris chez Pierre Hermé, il compte des centaines de fidèles qui craquent pour son millefeuille… Ses tartes ne sont pas mal non plus : essayez donc celle au chocolat au lait, caramel au beurre salé, cacahuètes grillées et banane ! La boutique propose aussi salades et snacks salés pour le midi.

66, rue Grignan, 1er arr. • M° Vieux-Port ou Estrangin Préfecture • ☎ 04 91 33 09 75 • www.sylvaindepuichaffray.fr • Lun. 7h30-16h, mar.-ven. 7h30-18h, sam. 8h-18h ; f. 2 sem. en août • Gâteau individuel : 4 € env.

Biiig

World food 39 Plan D5

Né au Liban, ayant grandi à Marseille et étant passé par Paris, Mazen s'est installé près de la place Castellane pour ouvrir une adresse cosy de burgers maison et de *world food*. Sur la carte, les burgers côtoient des bò bún, des couscous et des tartares thaïs. Fraîchement cuisiné au jour le jour, le tout déborde d'herbes et d'épices. En dessert, essayez les crêpes libanaises à la fleur d'oranger.

8, rue Louis-Maurel, 6e arr. • M° Castellane • ☎ 04 91 37 00 11 • Mar.-sam. 12h-14h30 et 19h-23h30 • Burgers : 13 € env.

Gaspard

Bars, clubs Sorties

L'Ébénisterie

Café, bar 18 Plan D5

Quel trentenaire marseillais n'a pas déjà passé une soirée à la cool dans ce café « guinche et graille » ouvert en 2015 ? Installé tout au fond d'une petite rue du quartier de Castellane, L'Ébénisterie cultive le sens de l'accueil et de la fête. À mi-chemin entre l'industriel et la brocante, la déco ajoute au charme des lieux. Petit plus : son patio végétal qui reste chauffé en hiver.

29, rue Louis-Maurel, 6e arr. • M° et tram T3 Castellane • ☎ 04 91 98 14 63 • Lun.-ven. 11h-2h, sam. 16h-2h • Cocktail de la semaine : à partir de 8,50 € ; grignote : à partir de 6 €. • Résa conseillée si l'on veut dîner.

Zoumaï

Brasserie 19 Plan D5

Cette brasserie marseillaise indépendante imaginée par quatre copains a élu domicile dans un bel et grand espace – anciennement un atelier automobile –, à quelques mètres de la place Castellane. On y trouve un choix pléthorique de bières locales, bio et brassées sur place, sur fond d'apéro-jazz, de retransmissions de match ou de concerts. En cas de petite faim, les planches charcuterie et fromages sont généreuses et existent même en version vegan.

7, cours Gouffé, 6ᵉ arr. • Mº et tram T3 Castellane • ☎ 09 53 87 03 79 • Facebook : Brasserie.zoumai • Lun.-ven. 14h-18h30, sam. 16h-18h30 • Pressions au bar : 3-4 € ; pintes : 6-7 €.

Gaspard

Bar à cocktails 20 Plan C4

Les puristes du cocktail ont enfin une adresse digne de ce nom à Marseille. Ici, point de mojito ou de spritz ! Lumières tamisées, murs sombres, papier peint tropical, tabourets en rotin et salon cosy à l'étage, on y sirote des breuvages maison subtils et soignés. « Le concombre masqué » avec gin, concombre, basilic, pomme et poivre du Sichuan, a déjà ses aficionados.

7, bd Notre-Dame, 6ᵉ arr. • Mº Estrangin Préfecture • ☎ 06 88 23 86 66 • Lun.-sam. 18h-1h • Cocktails : 12 € (avec alcool), 6 € (sans alcool) ; guacamole : 6 €.

Les Trois Coups

Bistrot, bar à vins 21 Plan D5

Les trois coups avant le lever de rideau ? Situé sur le square Edmond-Rostand, auteur du célèbre *Cyrano de Bergerac*, ce bistrot et bar à vins nature tenu par la pétillante Eugénie propose le midi une cuisine bistronomique de marché et,

Les Trois Coups

le soir, dans une ambiance détendue, des assiettes à partager à se lécher les babines.
La sélection de vins naturels devrait satisfaire les gosiers curieux qui pourront également emporter quelques bonnes bouteilles.

44, rue Saint-Suffren, 6e arr. • Mº et tram T3 Préfecture ou Castellane • ☎ 04 82 29 42 46 • www.lestroiscoups-marseille.fr • T.l.j. 12h-14h (sam.-dim. 14h30) et 19h-22h (ven.-sam. 22h30) • Verres de vin : 5-10 €, tapas : 4-16 €.

Le Bar de la Marine

Bar de quartier 22 Plan H8

Si vous vous installez en pleine journée au Bar de la Marine, situé face au f erry-boat, vous risquez d'y passer toute la soirée ! Après le « petit jaune » siroté sur la terrasse en regardant les bateaux du Vieux-Port, on se laisse facilement tenter par une assiette de moules-frites, de sardines grillées ou de supions à la provençale.
À l'intérieur, une photo rend hommage à la célèbre « partie de cartes » tirée de la trilogie *(Marius, Fanny, César)* de Pagnol.

15, quai de Rive-Neuve, 7e arr. • Mº Vieux-Port • ☎ 04 91 54 95 42 • T.l.j. 7h-2h • Pastis : env. 3,50 € ; Bière pression, verre de vin : à partir de 4 €.

Le Pelle-Mêle

Bar jazzy 23 Plan I8

Sur la terrasse ou confortablement installé dans un fauteuil à l'étage, on profite pleinement de l'ambiance décontractée de ce bar jazzy (concert de jazz mer.-sam.). Et lorsqu'il n'y a aucun groupe prévu pour la soirée, on se laisse gentiment bercer par la musique, soul, blues ou free-jazz, toujours de qualité.

8, pl. aux Huiles, 1er arr. • Mº Vieux-Port • ☎ 04 91 54 85 26 • Mai-sept. : lun.-sam. 17h30-2h ; oct.-avr. : mar.-sam. 18h-2h • Cocktail : autour de 9 € ; tapas offertes 19h-21h30.

Hôtels B&B

Hôtel Edmond Rostand

Hôtel tout confort Plan D5

Les 15 chambres coquettes et insonorisées de cet hôtel du quartier des Antiquaires offrent tout le confort nécessaire.
Consultez les promos fréquentes du week-end ! Sur place, le Café Edmond, à la déco vintage de meubles chinés, ravira les adeptes des pauses-café accompagnées de jus de fruits frais et de pâtisseries maison.

31, rue Dragon, 6e arr. • Mº Castellane ou Estrangin-Préfecture • ☎ 04 91 37 74 95 • www.hoteledmondrostand.com • À partir de 61 € ; petit déj. : 10 €.

Shopping Cadeaux

Sessùn

Mode 24 Plan C4

Voici la boutique d'Emma François, styliste de la célèbre marque marseillaise Sessùn, qui fait fureur de New York à Paris. Sa mode, à la fois raffinée et décontractée, va à toutes les femmes : pulls en maille rayés, sweat-shirts à capuche, petits hauts ajustés à porter sur un jean, robes légères et décolletées… un style bohème chic et raffiné. Comptez 100 € pour une blouse. Si vous aimez l'univers de la marque, rendez-vous dans son concept store **Sessùn Alma**, ouvert en 2019 au 127, rue Sainte (Plan H8 ; mar.-sam. 10h30-19h).

6, rue Sainte, 1er arr. M° Vieux-Port • 04 91 52 33 61 • www.sessun.com • Lun. 13h-19h, mar.-sam. 10h-19h.

Jogging

Concept store 25 Plan D5

De la mode, du design, des créateurs internationaux, du lifestyle et de l'art ! Ce concept store installé dans une ancienne boucherie, dont il subsiste des vestiges (cherchez les crochets sur les murs), fait souffler un grand vent de modernité et d'avant-garde sur Marseille. La sélection est pointue, jolie mais forcément un peu chère ! Dernier ajout en date : la gastronomie, avec l'ouverture chaque été d'un resto façon *pop-up* planqué dans l'arrière-cour bucolique des lieux.

103, rue Paradis, 6e arr. • M° Estrangin-Préfecture • 04 91 81 44 94 • www.joggingjogging.com • Lun. 11h-19h, mar.-sam. 10h30-19h.

Mobile de Curiosités

Déco 26 Plan D5

De l'imprévu et de l'utile, du précieux et de l'accessoire : voilà le leitmotiv de cette boutique cosy. La sélection change souvent, mais il y a de fortes chances pour que vous trouviez lors de votre passage des accessoires sérigraphiés de La Cerise sur

Mobile de Curiosités

Pop Corner

le gâteau (à partir de 20 € env. les pochettes), des objets design de Ichendorf (14 € le sablier de 3 min), des lampes Colonel, des cahiers Papier Tigre, de la vaisselle en plastique coloré Rice et des bijoux brodés Macon & Lesquoy.

159, rue Paradis, 6e arr. • M° Estrangin-Préfecture • 04 91 94 23 87 • www.mobiledecuriosites.com • Mar.-ven. 10h30-19h, sam. 10h30-13h et 14h30-19h.

Le Dépôt

Dépôt-vente 27 Plan D5

Alexandre et François Tarrazi sont frères. Avec un père antiquaire et une mère dans le vintage, ils savent de quoi ils parlent. Leur dépôt-vente s'adresse autant aux connaisseurs qu'aux curieux. Sélection chic et sportswear : chaussures Church et Ferragamo, sacs Marc Jacobs, costumes Saint-Laurent époque Tom Ford, smokings YSL... Le tout à des prix défiant toute concurrence : 95 € le jean Dior, 180 € la chemise Hermès, entre 40 et 60 € le pull en cachemire. Quelques meubles et objets chinés complètent leur univers 100 % masculin.

24, rue Saint-Jacques, 6e arr. • M° Estrangin-Préfecture • 06 22 92 16 70 • Mar.-ven. 10h-13h et 14h-19h, sam. 10h-12h et 14h-19h.

Pop Corner

Cadeaux 28 Plan D5

Envie de cadeaux, de couleurs, de bijoux et d'accessoires en tout genre ? Il y a fort à parier que vous ne repartirez pas les mains vides de Pop Corner. Sa créatrice mélange best-sellers (sacs Bensimon et poufs Tam Tam), coups de cœur saisonniers et créateurs régionaux (tee-shirts Drolatic, bijoux de Jeanne Pomaret et de Songe d'Elfes, 27 € les boucles d'oreilles). Il y en a pour tous les goûts et tous les budgets.

30, rue du Docteur-Fiolle, 6e arr. • M° Castellane • 09 63 22 28 51 • www.pop-corner.fr • Mar.-sam. 10h-13h30 et 14h30-19h.

La Maison Marseillaise

Déco 29 Plan C4

Delphine Blanc a joliment aménagé cette ancienne épicerie où elle expose des meubles chinés à droite et à gauche. Bruts ou repeints selon l'inspiration, ils servent de support à ses coups de cœur, objets contemporains de déco et objets du quotidien : radios Tivoli, lampes Jieldé, maroquinerie, bijoux…

38, rue Francis Davso, 1er arr. • M° Vieux-Port • 04 91 55 54 43 • Lun.-sam. 10h-19h.

Le Diable Méridien

Maroquinerie 30 Plan D4

Voilà une adresse qui plaît autant aux hommes qu'aux femmes, aux bobos qu'aux bourgeois. Connu pour sa sélection bien sentie de sacs et de maroquinerie, l'endroit – petit mais bien rempli – propose aussi papeterie, foulards (Ma Poésie, à partir de 42 €), stylos, bijoux, montres, bougies et vêtements (tee-shirts Drolatic, jeans Leon & Harper, gilet Mr Lacenaire). Le lieu privilégie les marques avec des démarches éthiques comme le prouve la présence de Veja, des sacs Bleu de Chauffe tous fabriqués en France et des sacs en bâche recyclée de Freitag. De 35 à 300 €.

8, rue Edmond-Rostand, 6e arr. • M° Estrangin-Préfecture • 04 91 53 26 42 • www.lediablemeridien.com • Lun.-sam. 10h30-19h.

Gas

Bijoux 31 Plan D5

La célèbre marque de bijoux fantaisie fait partie de ces réussites marseillaises qui ont largement dépassé la reconnaissance locale. Vendue à New York et Paris, Gas s'est fait connaître avec ses petites breloques qui tournent si joliment sur le poignet. Sautoirs (80-620 €), ras-du-cou (80-340 €) et bracelets-fleurs ont rejoint les collections précédentes dans sa boîte à bijoux. Près du joli patio qui clôt la boutique, on découvre les vêtements dessinés par Marie, fille d'André Gas, créateur de la marque : d'inspiration vintage, ils mêlent soie et dentelle, voile et jersey avec beaucoup de légèreté.

106, rue Paradis, 6e arr. • M° Estrangin-Préfecture • 04 91 04 65 35 • www.gasbijoux.com • Lun.-sam. 10h30-19h.

Maison Montgrand

Concept store 32 Plan C4

Nichée dans un magnifique hôtel particulier du centre-ville, cette maison est un lieu de vie hybride. À la fois hôtel, restaurant, salon de thé, jardin caché, institut de beauté, salle de sport, elle abrite aussi un mini concept store rempli d'objets de créateurs et de petites marques. Entre cosmétique, papeterie, bijoux, lunettes, photos, coussins et tee-shirts brodés de messages marseillais : tout ou presque est l'œuvre de créateurs locaux.

35, rue Montgrand, 6e arr. • M° Estrangin-Préfecture • ☎ 04 91 00 35 21 • www.hotel-maison-montgrand.com • Lun.-sam. 10h-19h.

Un Ours à la Mer

Enfants 33 Plan I8

C'est la boutique de référence pour tout ce qui touche aux enfants et aux nouveau-nés à Marseille. Dans un décor industriel et épuré se cachent des valeurs sûres et des marques de créateurs : les baskets Golden Goose, les tuniques Bonton, les jeans Finger in the Nose (à partir de 69 €) et les doudounes poids plume Jott. La mode est au rez-de-chaussée. L'étage est réservé au mobilier, à la puériculture et aux jouets. Impossible de ne pas y trouver son bonheur.

69, rue Francis-Davso, 1er arr. • M° Vieux-Port • ☎ 04 91 72 98 82 • Lun.-sam. 10h-19h.

L'Autre Ornithorynque

Meubles, déco 34 Plan I8

Il y avait déjà L'Ornithorynque de la rue Lulli pour les petits objets de déco, les cadeaux, les accessoires et les articles insolites. Il y a maintenant cette deuxième boutique, davantage dédiée aux meubles et aux peintures. La sélection est plutôt éclectique : baby-foot, lettres d'imprimerie, fauteuils pop, miroirs (40 € env. le miroir cyclope doré à poser), tabourets de bar, cantines en métal de toutes les couleurs... Un mélange ultramoderne.

55, rue Sainte, 1er arr. • M° Vieux-Port • ☎ 06 38 17 67 59 • www.lornithorynque.fr • Mar.-ven. 11h-19h, sam. 10h-19h.

Dromel-Ainé

Confiserie 35 Plan D5

Christophe Corsiglia, fils du grand spécialiste des marrons glacés (marque de fabrique Corsiglia-Facor), tient les rênes de la célèbre maison Dromel-Ainé créée en 1760 pour faire connaître aux Marseillais les saveurs d'outre-mer. Dans sa boutique marseillaise, il propose une belle sélection de thés, de cafés, de chocolats et de friandises, dont les divins marrons glacés (21 € env. le ballotin de 250 g).

19, av. du Prado, 6e arr. • M° Castellane • ☎ 04 91 80 08 08 • www.dromel-aine.com • Lun. 9h30-19h, mar.-sam. 9h-19h.

American Vintage

Mode homme 36 Plan C4

C'est ici qu'American Vintage a ouvert sa toute première boutique en 2007 avant que ses tee-shirts en coton tout doux ne fassent sa réputation partout

American Vintage

dans le monde. Depuis 2012, cette boutique-là est entièrement consacrée aux collections homme (pour les femmes, c'est au 31, rue Francis-Davso) : des basiques (tee-shirts, pulls, cardigans, etc.) faussement classiques, tous réalisés à partir de matières naturelles : énormément de coton, mais aussi de la soie et de la laine l'hiver. Le prix des tee-shirts démarre à 35 €, celui des pulls à 80 €.

10, rue Sainte, 1er arr. • M° Estrangin-Préfecture • 04 91 33 02 26 • www.am-vintage.com • Lun.-sam. 10h-19h.

La Coquette

Mode seconde main 37 Plan C4

Entrer chez la Coquette, c'est découvrir l'univers d'Anouck, qui propose dans son dépôt-vente bien des trésors. Vêtements et accessoires de seconde main sont ici finement sélectionnés (robe Sandro, 50 €, boots Sessùn, 60 €...) et la maîtresse des lieux se tient à disposition pour prodiguer ses conseils avisés et donner un coup de peps à vos tenues. Prenez donc le temps de fouiner dans cette caverne d'Ali Baba. Un espace pour les hommes est également proposé (chemise Agnès b., 35 €).

5, pl. de la Corderie-Henry-Bergasse, 6e arr. • M° Estrangin-Préfecture • 04 91 33 38 18 • www.lacoquettemarseille.fr • Lun.-sam. 10h-19h.

Emma Pill

Bijoux 38 Plan D4

Exit Montreuil et la vie parisienne : Emma Pill a déménagé son atelier-showroom dans cette rue de

Marseille. Aménagé façon boudoir baroque, on y trouve quantité de bijoux *girly* et poétiques : des sautoirs avec des plumes et des ailes d'ange, des bracelets (10-29 €), des boucles d'oreilles (5-29 € selon les modèles) avec des perles et des pampilles. L'ensemble est fin, féminin et aérien.

5, rue Grignan, 6e arr. • M° Notre-Dame-du-Mont ou Estrangin-Préfecture • ☎04 91 61 06 27 • www.emmapill.com • Lun.-sam. 11h-19h.

Debout

Torréfacteur 39 Plan 18

Depuis 1932, on se transmet à Marseille l'adresse de ce torréfacteur. Aujourd'hui, les 25 variétés de cafés (env. 5 €/250 g) du monde entier sont complétées par une soixantaine de thés et une sélection de chocolats maison. Quelques tables en terrasse pour déguster, prises d'assaut dès qu'il fait beau.

46, rue Francis-Davso, 1er arr. • M° Vieux-Port • ☎04 91 33 00 12 • Lun.-sam. 8h45-19h.

Le Marseillais

Cadeaux 40 Plan 18

Comme l'indique l'enseigne de ce magasin, vous trouverez ici une production complète de vêtements et d'accessoires griffés Marseille, pour petits et grands. Créé il y a 4 ans, Le Marseillais s'est fait connaître avec ses jolis tee-shirts et vêtements marins rayés bleu et blanc (12-35 € le tee-shirt, 40 € la marinière). Depuis, son petit monde s'est agrandi : vaisselle, draps de bain, arts de la table, bandes dessinées, basiques autour de la mer (bobs, casquettes, vareuses...). Deux nouvelles collections par an.

8, quai de Rive-Neuve, 1er arr. • M° Vieux-Port • ☎04 91 33 22 10 • www.lemarseillais.eu • T.l.j. 11h-13h et 14h-19h.

LES MEILLEURS BARS POUR L'APÉRO

Envie de vous détendre autour d'un verre après une longue journée de visite et de shopping ? Voici nos adresses favorites pour un apéro réussi à coup sûr !

La Ruche

Une adresse à la mode pour voir et être vu en buvant cocktails et vins en direct des producteurs.

Voir p. 120, Le sud du Vieux-Port.

Le Repaire de la Poissonnerie

Le QG des branchés de la ville, qui viennent y partager des tapas iodées.

Voir p. 121, Le sud du Vieux-Port.

Gaspard

Voici le néo tiki bar qui manquait encore à Marseille ! On y savoure des cocktails élégants et détonants.

Voir p. 103, De la Préfecture à Castellane.

Le Café des Arts

Au programme : huîtres, vin blanc et coucher de soleil sur le Vieux-Port face au Mucem !

Voir p. 123, Le sud du Vieux-Port.

La Ruche

LE SUD DU VIEUX-PORT ET NOTRE-DAME

8

Prenez une bonne inspiration, ça va grimper ! Ce triangle délimité par le théâtre de la Criée, le palais du Pharo et la colline de la Garde part à l'assaut de la Bonne Mère. Du haut de ses 154 m, elle domine toute la ville. Résultat : une vue panoramique à couper le souffle ! Au milieu, ne loupez pas les vestiges moyenâgeux de l'abbaye Saint-Victor ou les ateliers de santonniers, et goûtez aux plaisirs des apéros en terrasse de ce quartier de plus en plus en vue.

Abbaye Saint-Victor

1 Le Palais du Pharo et son jardin✦✦

À l'extrémité sud du Vieux-Port, face à la Méditerranée, admirez le palais du Pharo. Construit pour Napoléon III, qui jamais ne l'habita, il fut finalement cédé à la Ville en 1883 par l'impératrice Eugénie. C'est aujourd'hui un grand centre de congrès. Le jardin, ouvert au public, est idéal et ménage une vue imprenable sur le Vieux-Port.

58, bd Charles-Livon, 7e arr. • *04 91 14 64 95* • *http://palaisdupharo.marseille.fr* • **Palais :** *visite lors des Journées du patrimoine* • **Jardin :** *t.l.j. 7h-21h* • *Accès libre.*

2 Le fort Saint-Nicolas✦

C'est le faux jumeau, côté rive sud, du fort Saint-Jean. Construit sous Louis XIV entre le port, l'abbaye Saint-Victor et le Pharo, le fort Saint-Nicolas est aujourd'hui

Palais du Pharo

propriété de l'armée. On peut tout de même accéder à son esplanade par l'escalier près de l'entrée du tunnel du Vieux-Port.

Gardien de l'autorité royale

Peu urbanisée au XVIIe s. à l'exception de l'abbaye Saint-Victor, la rive sud est choisie en 1660 pour l'édification d'un fort. À l'embouchure du port, le chevalier de Clerville construit le haut puis le bas fort sur un éperon calcaire. Après le percement du boulevard Charles-Livon pour la construction du palais du Pharo en 1862, les deux parties sont définitivement séparées. L'esplanade qui mène au haut fort (propriété de l'armée) est un monument aux morts.

Ne se visite pas, sf lors des journées du Patrimoine.

3 L'abbaye Saint-Victor✦✦✦

Ce splendide édifice qui surplombe le Vieux-Port fut construit sur un mémorial du Ve s. où serait enterré saint Victor, martyr chrétien du IIIe s. Tous les ans, la fête de la Chandeleur honore Notre-Dame-de-la-Confession, sa Vierge noire en bois polychrome du XIIIe s. (encadré p. 115).

Quinze siècles d'histoire

L'abbaye est le plus ancien témoignage de la vie monastique à Marseille, initiée au Ve s. par le moine Jean Cassien. Si une chapelle est construite à cette époque, c'est à partir du XIe s., sous l'impulsion des Bénédictins de saint Isarn, que l'abbaye prend de

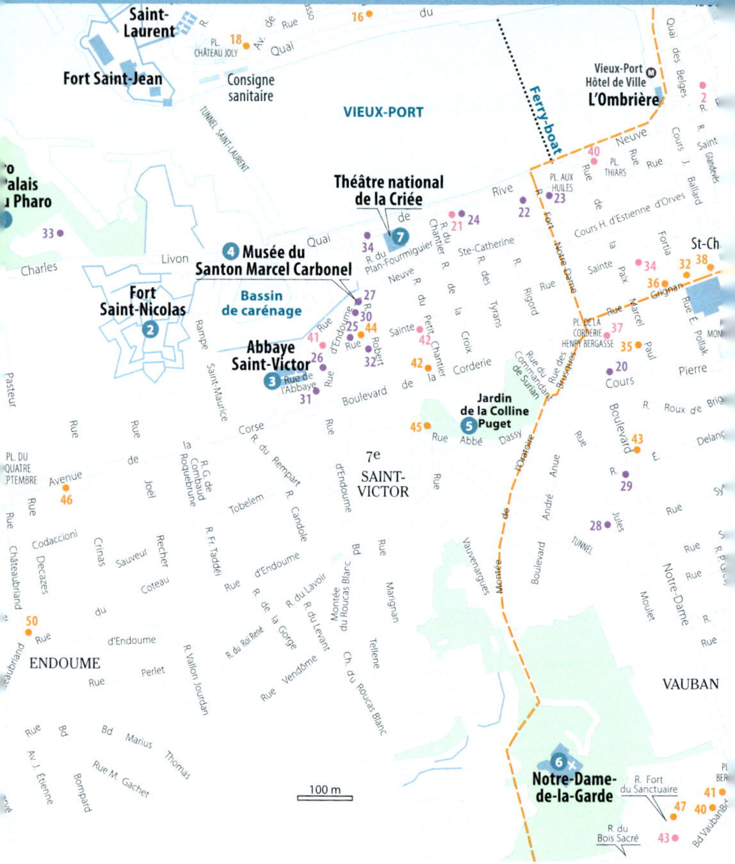

l'ampleur avec la construction de l'église supérieure sur la chapelle. Riche et puissante, Saint-Victor rayonne sur la chrétienté durant le Moyen Âge : l'un de ses abbés, Guillaume de Grimoard, devient pape (Urbain V) en 1362. Mais à la fin du XVe s., l'abbaye est cédée au pouvoir royal et décline jusqu'à perdre son siège épiscopal au XVIIIe s. À la Révolution, l'église devient un dépôt de fourrage, et sa crypte une prison. En 1804, elle est rendue au culte, puis élevée au rang de basilique par le pape Pie XI un siècle plus tard.

La crypte

L'abbaye Saint-Victor a subi plusieurs modifications au cours des siècles : tour Saint-Isarn au XIe s., grande nef à voûte romane dans l'église principale au XIIIe s. et tour de défense et fortifications édifiées sous Urbain V au XIVe s. S'il ne reste rien du couvent, la crypte a en revanche conservé des vestiges paléochrétiens : plusieurs sarcophages, une chapelle et son martyrium délimité par des colonnettes, les restes d'une mosaïque... La **chapelle Sainte-Madeleine** abrite quant à elle une sculpture préromane et un bas-relief représentant la sainte aux pieds du Christ, attribué à Pierre Puget (XVIIe s.).

Les Amis de Saint-Victor

Cette association créée en 1965 organise chaque année un festival de musique classique et religieuse (sept.-déc.). Les concerts donnés par des orchestres et des solistes de renom ont notamment permis de restaurer le maître-autel et les grandes orgues de Saint-Victor.

3, rue de l'Abbaye, 7e arr. • 04 96 11 22 60 • T.l.j. 9h-19h • Abbaye : accès libre • Crypte : 2 €.

4 Le musée du Santon Marcel Carbonel✦

La collection privée Marcel Carbonel retrace l'histoire du santon de Provence, de la Révolution française à nos jours. Quant aux ateliers Carbonel, malgré la disparition de leur fondateur, ils continuent à inventer chaque année un nouveau personnage qui rejoint les 180 santons naïfs de la crèche Carbonel. Les figurines se répartissent en familles : petits métiers, sujets bibliques et provençaux, animaux, décors de crèches et d'étables.

49, rue Neuve-Sainte-Catherine, 7e arr. • 04 91 54 26 58 (atelier) ou 04 91 13 61 36 (boutique, musée) • www.santonsmarcelcarbonel.com • **Atelier et boutique :** *lun.-sam. 9h-13h et 14h-18h • Musée f. pour travaux.*

La fête de la Chandeleur

Les Marseillais catholiques sont très fidèles à la Chandeleur, fête de la lumière célébrée depuis plus de 1000 ans à Saint-Victor. Les festivités commencent tôt le matin du 2 février par une procession qui part du quai des Belges pour se rendre sur la place Saint-Victor. Après la présentation de la Vierge noire et la bénédiction du feu (les cierges) et de la ville, une messe de l'aube est donnée à 6h15. L'évêque bénit ensuite le vieux four situé dans la boulangerie Le Four des Navettes (p. 124).

Notre-Dame-de-la-Garde

5 Le jardin de la colline Puget✦✦✦

Si ce jardin public est pentu, c'est qu'il suit le dénivelé de la colline qui surplombe les remparts sud de la ville. Depuis ses bancs ombragés, la vue sur la cathédrale de la Major et la Côte Bleue est exceptionnelle. En quittant le jardin par la rue Vauvenargues, on rejoint Notre-Dame-de-la-Garde.

Entrées : rue Abbé-Dassy, rue du Commandant-de-Surian, 6ᵉ arr. • ✆04 91 31 74 77 • T.l.j. 8h-20h l'été, plus tôt l'hiver.

6 Notre-Dame-de-la-Garde✦✦✦

Le monument le plus célèbre de Marseille est aussi le plus élevé (154 m). Chaque année, plus de 2 millions de visiteurs partent à l'assaut de la colline de la Garde pour admirer de plus près cette Bonne Mère qui veille sur la ville depuis plus de 150 ans. Monter à pied jusqu'à elle demande un peu d'effort, mais quel panorama !

La Bonne Mère

En 1214, Maître Pierre, un ermite marseillais, a l'accord de l'abbaye Saint-Victor pour édifier sur la colline de la Garde une chapelle en l'honneur de la Vierge. En 1524, la chapelle est intégrée au fort commandité par François Ier mais continue d'accueillir des pèlerins de plus en plus nombreux. En 1853, quand l'évêque de Marseille décide la construction d'une église plus grande, l'architecte Espérandieu s'appuie sur ces fortifications pour bâtir une grande basilique de style romano-byzantin. La statue de la Vierge, recouverte de feuille d'or, domine au sommet de son campanile de 23 m.

L'église basse et l'église haute

Du bas de l'édifice, une succession d'escaliers mène à l'église basse, une crypte voûtée éclairée par un clair-obscur propice à la prière. Au fond de l'abside, la Vierge au bouquet, statue de la Vierge et l'Enfant, est un souvenir de l'ancienne chapelle. Au-dessus se trouve le sanctuaire dédié à la Vierge. S'ouvrant par deux portes de bronze, il est orné d'une profusion de mosaïques et de marbres polychromes rouges et blancs. Sur les murs s'accrochent de nombreux ex-voto touchants.

Rue Fort-du-Sanctuaire, 6e arr. • Accès par petit train ou bus n° 60 depuis le Vieux-Port • 04 91 13 40 80 • www.notredamedelagarde.com • T.l.j. 7h-18h ; dern. entrée 45 min avant fermeture • Accès libre.

7 Le Théâtre national de la Criée**

La façade de l'ancienne criée, construite au début du XXe s., abrite depuis 1981 le théâtre national de Marseille la Criée. Le temple du théâtre actuel, labellisé Centre dramatique et dirigé par Macha Makeïeff, propose des créations artistiques tous azimuts (opéra, photographie, danse, musique, littérature, concerts), sans oublier sa vocation première tournée vers les auteurs

Pause glaces : Emki Pop

Les meilleures glaces de Marseille ? Peut-être. Émeline et Guillaume revisitent le bâtonnet glacé avec des produits artisanaux aussi beaux que bons. Les goûts sont purs (ils ont des fournisseurs extra et les sorbets contiennent 75 % de fruits), les associations de saveurs étonnantes et séduisantes. Miam, la détox à base de citron, curcuma et gingembre ! Ah, la black sésame trempée dans le chocolat noir ! Un concept malin, régressif et addictif. À la sortie des classes, il y a foule et gros cas de conscience : glace ou cookies encore chauds ? Car oui, Emki Pop propose bien d'autres douceurs sucrées. Un vrai piège !

40 plan C5 • *80, bd Vauban, 6e arr. • Mo Castellane, bus n° 49 (arrêt Place Valère Bernard) ou 60 (arrêt Fort du Sanctuaire) • 09 72 55 95 51 • www.emkipop.fr • Lun. 14h-19h, mar.-dim. 10h-19h • Bâtonnet : 4 € env. (topping gratuit).*

contemporains et les grandes pièces du répertoire classique.

30, quai de Rive-Neuve, 7e arr. • M° Vieux-Port • 04 91 54 70 54 • www.theatre-lacriee.com • Billet : 13-35 €.

Restos Bistrots

Chez Vallès

Poissons 41 Plan C5

Quelques tables posées sur le trottoir d'une placette pleine de charme, des poissons entiers grillés et escortés d'une purée ou d'une polenta crémeuse, des vins soigneusement sélectionnés et des entrées qui dépotent : oui, ce restaurant de quartier mérite le détour ! Produits ultrafrais, service adorable et cuisine savoureuse.

76, bd Vauban, 6e arr. • M° Castellane, bus n° 49 (arrêt Place Valère Bernard) ou 60 (arrêt Fort du Sanctuaire) • 09 54 05 11 80 • Mar. 11h45-14h30, mer.-sam. 11h45-14h30 et 19h30-23h • Poisson : 6 € les 100 g ; verre de vin : à partir de 2,50 €.

Le Bistrographe

Salon de thé arty 42 Plan B4

Moitié salon de thé, moitié galerie d'art et studio photo, Le Bistrographe est un lieu de vie à l'ambiance jazzy et feutrée. Après avoir traversé une grande salle d'exposition, on grimpe quelques marches pour déboucher dans un salon bistrot avec poutres, piano et canapé en cuir. Au menu ? Rien que du fait maison, entre tarte salée, velouté de saison, cake au citron, cookies et thé Dammann (4 €).

78, bd de la Corderie, 7e arr. • 04 91 12 49 11 • Facebook : Le BistroGraphe • Lun.-ven. 9h-18h30 • Tarte salée + salade 10 €, desserts 4-6 € • Espace de coworking avec Wi-Fi gratuit.

Le Grand Guste

Traditionnel 43 Plan C5

Une cuisine de grand-père moderne et généreuse : ce restaurant revisite des recettes éculées mais qui rencontrent toujours autant de succès. Résultat ? Entre sauté de veau et sole à la grenobloise, on se laisse aussi tenter par les viandes cuites à la broche qu'on aperçoit depuis les baies vitrées de la cuisine. Les plats arrivent dans les casseroles, avec les sauces et les accompagnements, comme à la maison. La déco ? Complètement folle et assumée entre le papier peint fleuri, les chaises tapissées et les tableaux accrochés. Il y a aussi une cour intérieure.

31, bd Notre-Dame, 6e arr. • M° Estrangin Préfecture • 04 91 53 17 82 • www.legrandguste.fr • Mar.-ven. 11h30-15h, mer.-

sam. 19h30-1h • Plat : 21-28 €; rôtisserie : 18 € le midi.

Taqueria Loka

Tacos, fusion

44 Plan B4

Cactus sur les tables, têtes de mort posées sur le bar, portrait de Frida Kahlo sur les murs : bienvenue dans ce restaurant de tacos. Les groupes d'amis se succèdent toute la soirée pour goûter à sa cuisine fusion. Carte courte et délicieuse, service tout sourire et ambiance *caliente*. Un conseil : goûtez la tarte au citron vert meringuée à base de navettes des Accoules. Une tuerie !

126, rue Sainte, 7e arr. • M° Vieux-Port ou n° 55 (arrêt Sainte Petit Chantier) • ☎ 04 91 33 84 10 • www.taquerialoka.com • Mar.-sam. 19h30-22h30 • Tacos : 12 € les trois; ceviche : 10 €.

Sépia

Gastronomique

45 Plan B5

C'était le chalet désuet du jardin Puget, c'est devenu un restaurant de gourmet posé à flanc de colline : cadre romantique et vue à couper le souffle. À l'heure où le soleil se couche et où les lumières de la ville s'allument, on en prend plein les yeux. Spectacle garanti aussi dans les assiettes : joliment dressés, les plats se succèdent et affolent les papilles avec des accords intuitifs. Jugez plutôt : crème de brocoli, jaune d'œuf confit, câpres, anchois et poutargue !

Le Grand Guste

2, rue Vauvenargues, 7e arr. • M° Vieux-Port ou bus n° 81 (arrêt Petit Chantier) • ☎ 09 83 82 67 27 • www.restaurant-sepia.com • Mar.-sam. 12h-13h30 et 20h-22h • Menu soir : 47 €.

Dame Farine

Boulangerie

46 Plan B5

Marie-Christine travaille exclusivement avec des farines biologiques et des blés anciens. Entre gros pains à la farine de khorasan, baguettes au *zaatar*, pains au petit épeautre, fougasses aux olives et navettes, elle invente chaque jour des recettes qui font écho à la saison, tel le pain aux courges en automne. Cette boulangerie vertueuse est si bonne qu'une de ses fidèles clientes a fini par passer derrière la caisse. Bref, si vous croisez son chemin, foncez !

77, av. de la Corse, 7e arr. • Bus n° 54, 81, 82 ou 83 (arrêt Place du 4-Septembre) • www.damefarine.fr • Mar.-sam. 8h-13h15 et 16h-19h30.

La Bonne Mère

Pizzéria 47 Plan C5

Une pizza meilleure que la mythique moitié-moitié de Chez Sauveur ? Pour certains, oui ! Venus de Naples et installés dans une guinguette sans chichi, Mahéva et Jérémy Piazza ne travaillent qu'avec des produits de qualité : la farine et l'huile d'olive sont bio, les fromages AOP. Entre les 20 pizzas au menu, sachez que la Manon, avec son pistou maison, a même eu droit aux honneurs du Fooding ! Si vous ne réservez pas, vous devrez prendre à emporter !

16, rue Fort-du-Sanctuaire, 6e arr. • Bus n° 60 (arrêt Fort du Sanctuaire) • ☎ 04 91 58 22 05 • www.pizzeria-labonnemere.fr • Mar.-jeu. 19h-22h, ven.-sam. 12h-14h et 19h-22h • Pizzas : 12-18 € ; attention : pas de CB ni de distributeur à proximité.

Bars, clubs Sorties

Le Trolley Bus

Club 24 Plan H8

Idéalement situé sur le Vieux-Port, dans l'ancien Arsenal des Galères, ce club est une boîte culte des années 1990. Carl Cox et Laurent Garnier ont souvent joué dans ses salles voûtées. Empruntez le long couloir central et choisissez votre salle et son ambiance : lounge, électro, soul... De quoi rassembler beaucoup de monde jusqu'au bout de la nuit.

24, quai de Rive-Neuve, 7e arr. • M° Vieux-Port • ☎ 04 91 54 30 45 • www.letrolley.com • Mar.-sam. minuit-6h • Entrée : 10 € le sam.

La Ruche

Bar à cocktails 25 Plan B4

Depuis ses débuts en 2015, ça bourdonne sec dans cette ruche montée de toutes pièces par trois amis. Décor chic et sombre, clientèle de fidèles et de touristes option bobo. Dans les verres, place aux cocktails, la grande spécialité des lieux avec quelques créations maison comme le Flower Power, à base de gin et de framboises fraîches. Et si vous n'aimez pas les cocktails, La Ruche sert aussi des vins de petits producteurs avec des tapas. Attention, attendez-vous à jouer des coudes pour arriver jusqu'au bar : le lieu est toujours bondé !

128, rue Sainte, 7e arr. • M° Vieux-Port, puis bus n° 55 (arrêt Sainte Petit Chantier) • ☎ 04 91 21 62 03 • Mar.-sam. 18h-2h • Cocktails : 6-12 €.

Victor

Bar à bières 26 Plan B4

Ses 400 références attirent tous les amateurs de mousse. Cette cave à bières dispose aussi d'un bar où s'accouder, de becs pression et de frigos grâce auxquels on peut déguster une centaine de bouteilles, dont des spécialités locales. Essayez La Coulée Douce, une bière blonde à l'amertume légère et au parfum de mangue étonnant !

Et avec ça ? Des planches et des grignotes à tartiner (7 € la crème de pois chiche). Bondé et bruyant chaque fin de semaine.

20, rue d'Endoume, 7e arr. • M° Vieux-Port, puis bus n° 55 (arrêt Sainte Petit Chantier) • 09 86 76 47 14 • www.victor-biere.com • Mar.-sam. 16h-23h.

Le Repaire de la Poissonnerie

Bar branché 27 Plan H8

Aux manettes de ce bar iodé, on retrouve Olivier Gondran, un écailler. Une association qui rameute beaucoup de monde dans ce bar avec mezzanine. Les mètres carrés sont serrés, le service rapide, la faune branchée, la musique cool, les cocktails nombreux et la déco réussie.

1, rue d'Endoume, 7e arr. • M° Vieux-Port, puis bus n° 55 (arrêt Sainte Petit Chantier) • 06 09 52 99 33 • Mar.-sam. 16h-2h (23h l'hiver) • La douzaine d'huîtres : à partir de 24 €.

Carry Nation

Speakeasy 28 Plan C5

Comme lors de la Prohibition, l'adresse est tenue secrète depuis sa création en 2012. Caché dans la rue Jules-Moulet, Carry Nation redonne aux cocktails un goût de soufre et de clandestinité. L'été, son équipe de mixologues se délocalise à Aubagne dans un bar perché à 4 m de hauteur, (bien) nommé **Dans les arbres.** Une double bonne raison pour s'inscrire sur le site et avoir une chance de goûter à ces breuvages.

Rue Jules-Moulet, 6e arr. • M° Estrangin Préfecture • 09 50 26 01 66 • www.carrynation.fr • Mar.-dim. 19h-2h (ven. et sam. dès 18h) • Cocktail : 12-16 € (avec alcool), 10 € (sans alcool) • Résa obligatoire sur le site.

CopperBay

Bar à cocktails 29 Plan C5

Les cocktails, c'est votre péché mignon ? Faites escale au CopperBay. Vous y trouverez une carte saisonnière de cocktails détonants sortie de l'imagination sans limite du bartender. Pour les amateurs de pastis, celui-là est

CopperBay

décliné sous toutes ses formes et vous pourrez déguster ses voisins de la Méditerranée, de l'ouzo au raki. Côté tapas, légumes marinés côtoient poulpe grillé et autres rillettes de petits producteurs.

36, bd Notre-Dame, 6ᵉ arr. • M° Préfecture • Pas de tél., pas de résa • www.copperbay.fr • Mar.-sam. 18h-1h • Cocktail : 12 €; bières, cidres artisanaux : 6 €; tapas : 9 €.

Café de l'Abbaye

Café, bar 30 Plan H8

On y vient pour sa terrasse à l'ombre de Saint-Victor. Puis on se laisse griser par la vue sur le Vieux-Port et le Mucem. Et on se dit qu'il faut rester pour profiter du coucher de soleil. Son ambiance décontractée, son service au bar et ses prix serrés font le reste. Ce repaire de trentenaires et de bobos fait le plein tous les soirs. On se surprend à repartir à la fermeture en se promettant d'y revenir!

3, rue d'Endoume, 7ᵉ arr. • M° Vieux-Port • ☏04 91 66 87 57 • Lun.-ven. 7h30-22h30, sam.-dim. 15h30-22h30 (minuit l'été) • Bière pression : 3 € ; verre de vin : à partir de 2 €.

Les Membres

Bar à vins 31 Plan B4

Une cave à vins et à manger située dans les anciennes écuries du cloître de l'abbaye Saint-Victor. Dans les verres? Une sélection de bouteilles principalement méridionales, avec des vins biodynamiques et issus d'une agriculture raisonnée. Dans les assiettes? Des charcuteries de la boucherie voisine, du pain de Maison Saint-Honoré, des tapas et du beurre maison! Et dans la salle? Un mélange des genres assez jeune et une ambiance bonne franquette, avec des grandes tablées et des soirées jazzy de temps en temps.

1, rue de l'Abbaye, 7ᵉ arr. • M° Vieux-Port, puis bus n° 55, 61 ou 80 (arrêt Saint-Victor) • ☏04 91 12 83 20 • www.restaurant-les-membres.com • Lun.-sam. 19h-minuit (plus tard le w.-e.) • Verre de vin : à partir de 4,50 €.

Le 143

Bar à bières 32 Plan B4

Le 143, c'est la version bar d'une cave à bières artisanales. Habitué de l'ambiance sombre et populaire des pubs, passez votre chemin. Voici un bar minimaliste logé dans une salle surmontée d'une mezzanine à la déco industrielle, avec quelques places en terrasse pour les plus chanceux. Son comptoir et sa ligne de 10 becs à pression aimante tout le monde. Et pour étancher la faim, c'est planches au menu.

143, rue Sainte, 7ᵉ arr. • M° Vieux-Port, puis bus n° 55 (arrêt Sainte Petit Chantier) • ☏06 49 49 53 29 • www.barabieres.eatbu.com • Mar.-mer. 16h30-1h, jeu.-sam. 16h30-2h • Bières : 3,50-5 €; planches : 12 € env.

Dantès Skylounge

Rooftop 33 Plan B4

Dans la famille des bars d'hôtel, voici celui du Sofitel. Les 150 m² de terrasse nichés au 7ᵉ étage

Café de l'Abbaye

font face au Vieux-Port : la vue panoramique est exceptionnelle ! À l'intérieur, l'ambiance est chic et lounge entre les gros fauteuils cosy, la musique *easy listening*, les cocktails au champagne et le service aux petits oignons.

36, bd Charles-Livon, 7e arr. • M° Vieux-Port, puis bus n° 83 (arrêt Fort St-Nicolas) • ☎04 91 15 59 00 • www.sofitel.com • T.l.j. 17h-0h30 • Cocktails : 16-22 €.

Le Café des Arts

Bar à huîtres 34 Plan H8

Ce café tout simple dispose d'une terrasse qui vous tendra les bras à l'heure de l'apéro pour profiter d'un verre de vin accompagné d'une assiette d'huîtres (10 € env. la formule avec 6 huîtres). Situé juste à côté du théâtre de la Criée, vous y croiserez surtout des Marseillais et des gens qui sortent de spectacle.

35, quai de Rive-Neuve, 7e arr. • M° Vieux-Port, puis bus n° 82 ou 83 (arrêt Théâtre la Criée) ou 7 min de marche • ☎04 91 33 09 83 • Lun.-sam. 11h30-15h et 18h-23h.

Hôtels B&B

Hôtel Vertigo

Auberge de jeunesse Plan I8

Ici, les touristes sont accueillis avec décontraction : ces sublimes bâtiments des anciens arsenaux abritent un hôtel à la déco de bric et de broc. Seulement 6 chambres doubles mais plein de dortoirs 4 places (33 €/pers. env.), tous équipés du Wifi et de sanitaires. Difficile de trouver un meilleur rapport qualité/prix aussi près du Vieux-Port. Résultat : une clientèle jeune avec sac à dos !

38, rue Fort-Notre-Dame, 7e arr. • M° Vieux-Port • ☎04 91 54 42 95 • www.hotelvertigo.fr • De 60 à 65 €.

New Hotel of Marseille

Hôtel design avec piscine Plan B4

Cent chambres relookées à la déco moderne et épurée, plus une piscine extérieure avec solarium, une galerie d'art et une vigne ! Oui, depuis 2013, l'hôtel a son propre vin !

71, bd Charles-Livon, 7e arr. • M° Vieux-Port, bus n° 82 ou 83 (arrêt Le Pharo) • 04 91 31 53 15 • www.new-hotel.com • À partir de 110 € ; petit déj. : 16 €.

Shopping Cadeaux

Le Four des Navettes

Boulangerie 41 Plan B4

La plus vieille boulangerie de Marseille affiche avec fierté son année de naissance : 1781 ! C'est la spécialiste des navettes, gâteaux secs en forme de barque allongée créés pour les fêtes de la Chandeleur et dont la recette est toujours gardée secrète. Pains et gâteaux traditionnels, dont la célèbre pompe à l'huile, l'un des treize desserts provençaux de Noël, sont aussi fabriqués dans le four plus de deux fois centenaire.

136, rue Sainte, 7e arr. • M° Vieux-Port, puis bus n° 55 (arrêt Sainte Petit Chantier) • 04 91 33 32 12 • www.fourdesnavettes.com • Lun.-sam. 8h-19h, dim. 9h-13h et 15h-19h • Navettes : 11 € env. la douzaine.

Honoré Déco

Déco, design 42 Plan H8

L'ancien atelier de création d'Ingrid, la fille, et d'Annick, la mère, s'est transformé en une immense boutique façon loft. À l'intérieur, de la déco chic, naturelle et trendy : mobilier en bois artisanal et en cuir, fauteuils *fifties* en cuir et corde, lampes scandinaves en osier et laiton ou en raphia (à partir de 85 €), vaisselle en bois de citronnier ou de noyer, linge de lit en coton. Depuis 2017, la boutique accueille aussi EGG, une sélection de fripes vintage d'Elsa Giribone, la deuxième fille d'Annick !

121, rue Sainte, 7e arr. • M° Vieux-Port • 04 91 33 08 34 • www.honoredeco.com • Mar.-ven. 10h30-12h30 et 14h-18h30, sam. 11h-19h.

Créations Sacs Mary

Sacs à main 43 HP par C5

Vous rêvez d'un sac unique et sur mesure ? Grimpez jusque sur les hauteurs de la ville dans l'atelier-boutique de cette fabrique familiale créée en 1978 où travaillent ensemble trois générations. Aussitôt arrivé dans les lieux, vous serez saisi par l'odeur de cuir qui y règne et par l'atmosphère de travail. À vous de choisir quel cuir, quelle couleur, quel modèle et quels accessoires, et Sacs Mary se charge du reste ! De 15 à 75 € pour les pochettes et de 75 à 185 € pour les sacs. Des modèles déjà faits sont aussi en vente.

1, rue Fort-du-Sanctuaire, 6e arr. • M° Estrangin-Préfecture, bus n° 49 ou 60 (arrêt Fort-du-Sanctuaire) • 04 91 37 14 49 • www.sacsmary.com • Lun.-ven. 8h-18h, sam. 8h-12h et 14h-18h.

BEST OF DE LA MODE BRANCHÉE

La cité phocéenne est fière de ses jeunes créateurs à succès et de ses stylistes branchés attractifs. Marseille, ville de la mode? À en lire cette sélection pointue, tout porte à le croire!

Sessùn

Une mode féminine qui sait saisir l'air du temps et une vraie success-story marseillaise, à retrouver dans la boutique et au concept store Sessùn Alma.

Voir p. 105, Le quartier de la Préfecture.

Maison Montgrand

Un concept store grand public niché dans un incroyable hôtel particulier.

Voir p. 107, Le quartier de la Préfecture.

Jogging

Cette ex-boucherie a été reconvertie en un concept store avant-gardiste et pointu, doublé d'une minigalerie d'art.

Voir p. 105, Le quartier de la Préfecture.

Maison Mère

Le repaire de la « coolitude » entre fripes, sneakers et déco vintage.

Voir p. 29, Le Vieux-Port et la Canebière.

Le concept store Sessùn Alma

LA MODE MARSEILLAISE

On ne vient pas spontanément à Marseille pour faire son shopping. Et pourtant, la ville est devenue en moins de 20 ans une vraie cité de la mode. Derrière la réalité économique d'un secteur qui résiste plutôt bien à la crise, Marseille forme aujourd'hui une nouvelle génération de stylistes venus de tout le Bassin méditerranéen. Bouillonnante et cosmopolite, la ville est fière des *success-stories* qu'elle a vu naître et qu'elle soutient à 100 % : Sessùn, Kulte ou Drolatic. Elle est aussi flattée que le jeune créateur Simon Porte Jacquemus lui lance des hommages à chacun de ses défilés.

Sessùn

Un secteur dynamique et des réussites internationales

On le sait peu, mais l'industrie de la mode à Marseille emploie pratiquement 10 000 salariés dans la région et concerne 400 entreprises. C'est ici, dans les ateliers de confection de Belsunce tenus par son père, que Laurent Emsellem, le fondateur de **Kaporal**, a appris les ficelles du métier. C'est ici que la marque casual **Sugar** et la marque de bijoux en pierres précieuses **Gas** (p. 107) continuent de créer, fabriquer et commercialiser toutes leurs collections. D'autres exemples ? C'est là aussi qu'**American Vintage** (p. 108), connu pour ses tops en coton tout doux, a ouvert sa première boutique avant de partir à la conquête de Paris, de New York et de Hong Kong ! Dernier exemple en date : la réussite insolente de **Drolatic**, qui a conquis le cœur des Japonaises avec ses tee-shirts pop et graffiti. Des *success-stories* qui cachent un bouillonnement créatif réel relayé par les pouvoirs publics.

La Maison Mode Méditerranée

Jusqu'au début des années 1980, la mode à Marseille est brouillonne et éparpillée. Au fil des années et sous l'impulsion de la Ville, elle se structure et s'institutionnalise. En 1988, l'**Institut Mode Méditerranée** (IMM) est créé. Un an plus tard, c'est le **musée de la Mode** (p. 140). Derrière les deux entités, on retrouve la très active Marilyne Bellieud-Vigouroux. L'IMM donne un sérieux coup de pouce aux jeunes créateurs : showrooms, salons, formations et soutien financier. Vingt-deux créateurs ont bénéficié de la bourse de 20 000 € de son concours « Charte des créateurs » aujourd'hui rebaptisé « OpenMyMed Prize ». **Sessùn** (p. 105) l'a décroché en 2000 !

Depuis 2017, l'IMM est devenu la MMM : **Maison Mode Méditerranée.** Installée dans un espace tout neuf proche du Vieux-Port (7, rue de la République, 2e arr. – plan I7) et présidée par Jina Luciani, elle fonctionne comme une pépinière de talents en devenir. Ses moyens ? Un **master Métiers de la mode et du textile** et des missions de soutien économique et culturel. Son ambition est claire : faire de Marseille la plaque tournante d'une mode venue de toute la Méditerranée !

Une nouvelle génération de créateurs

Contrairement à leurs aînés, les jeunes créateurs basés à Marseille n'attendent plus une quelconque reconnaissance venue de Paris ou d'ailleurs pour s'installer à leur propre compte. Adeptes du *Do It Yourself*, ils ouvrent des boutiques qui leur ressemblent. Un réseau alimenté aussi par les modeuses de Marseille via des blogs réactifs et très bien renseignés. Avant votre séjour, allez donc jeter un œil à **www.mylittlemarseille.fr** ou à **www.chutmonsecret.com** : les deux sites regorgent de bons plans (vente de créateurs) et relaient les dernières nouveautés. ■

Le savoir-faire arménien

Le point commun entre Didier Parakian, Jézéquel, Sugar, Drolatic et Evalinka ? Ces cinq marques de mode sont toutes nées à Marseille dans les ateliers de fabrication de la communauté arménienne, arrivée à Marseille en 1922. Discrète, cette communauté est une de celles qui ont le plus contribué à l'essor d'une mode de Marseille. En 2007, le musée de la Mode de Marseille leur avait d'ailleurs consacré toute une exposition autour de la figure de Karine Arabian, fille de tailleurs et petite-fille de bottiers : « Karine Arabian et les autres Arméniens de la mode XVIIe-XXIe s. ».

LE LONG DE LA CORNICHE KENNEDY

9

La ville est encore toute proche, mais il règne ici comme un avant-goût de vacances balnéaires. Entre les petits ports, les criques entourées de rochers, la piscine naturelle du vallon des Auffes, le sentier côtier et les plages de sable fin, la Corniche réserve bien des surprises à qui prend le temps de la longer à pied. Derrière elle, les villas cossues du XIXᵉ s. impressionnent par leur gigantisme. Devant elle, du bleu, rien que du bleu !

Villa Valmer

1 La plage des Catalans✦✦

Située à seulement 15 min à pied du Vieux-Port, c'est la plage la plus proche du centre-ville, petite, populaire et très fréquentée. Mieux vaut donc s'y rendre tôt le matin ou à l'heure du coucher de soleil pour profiter de son panorama sur les îles du Frioul – il n'est pas surprenant de voir un énorme paquebot traverser ce décor de carte postale ! À proximité : douches, sanitaires et consigne l'été, et terrains de beach-volley où se déroulent régulièrement des championnats. Des dalles et des pontons ont aussi été aménagés. En saison, vous aurez une chance de trouver la petite buvette ouverte (à gauche de la plage après la plate-forme).

Accès rue des Catalans, 7ᵉ arr.

Le Cercle des Nageurs de Marseille

Cercle privé créé en 1921, le CNM a vu passer de nombreux

champions de natation : Alex Jany et Joseph Bernardo autrefois ; Laure Manaudou, Frédérick Bousquet et Camille Lacourt aujourd'hui. Ses équipements font rêver (bassin olympique couvert de 50 m, bassin extérieur d'eau de mer, petite plage, etc.), mais son système de parrainage et ses tarifs annuels d'adhésion (1 460 € minimum) font que le CNM reste réservé à une élite.

Extrémité bd Charles-Livon, 7e arr. • ☎ 04 96 11 55 55 • www.cnmarseille.com • Ouv. uniquement aux membres.

2 La corniche Kennedy+++

Ouverte au milieu du XIXe s., la route de la Corniche s'étire sur 5 km, la ville d'un côté, la mer de l'autre. Elle dispose même d'un banc de béton qui serpente sur 3 km à partir du pont de la Fausse-Monnaie, dont certaines parties ont été recouvertes de mosaïques. En chemin, on croise le **Monument aux morts de l'Armée d'Orient** érigé par Castel en 1927 (à la hauteur du vallon des Auffes), puis ***l'Hélice*** de César, réalisée en 1971 en hommage aux rapatriés d'Afrique du Nord. À faire pour le panorama !

3 Le vallon des Auffes+++

Il faut emprunter des escaliers pour accéder à ce petit port de pêcheurs planqué sous la Corniche. Rien ne manque à ce décor de carte postale : eau turquoise, cabanons colorés, jasmin et laurier-rose partout, pointus au mouillage, ruelles escarpées et chats qui se prélassent ! Les gastronomes connaissent l'adresse : c'est ici que se trouve **L'Épuisette**, la table 1-étoile de Guillaume Sourrieu (p. 134).

Accès au niveau de la rue du Vallon-des-Auffes, 7e arr.

4 Malmousque via le « sentier côtier » marseillais+++

On commence cette charmante promenade en bord de mer en

Pause pizza : L'Eau à la Bouche

Le pizzaïolo, Giovanni, concocte ses pizzas avec amour. Essayez l'Angelina : un mélange de mesclun, d'oignons doux, de jambon cru et de copeaux de parmesan. Et c'est encore meilleur à déguster sur les rochers en bord de mer.

48 plan p. 130 • *120, corniche du Président-J.-F.-Kennedy, 7e arr. • ☎ 04 91 52 16 16 • www.pizzerialeaualabouche.fr • Mer.-dim. 12h-15h et 18h-23h • Pizzas : de 15 à 19 € env. (3-4,50 € de réduction par pizza si vous l'emportez).*

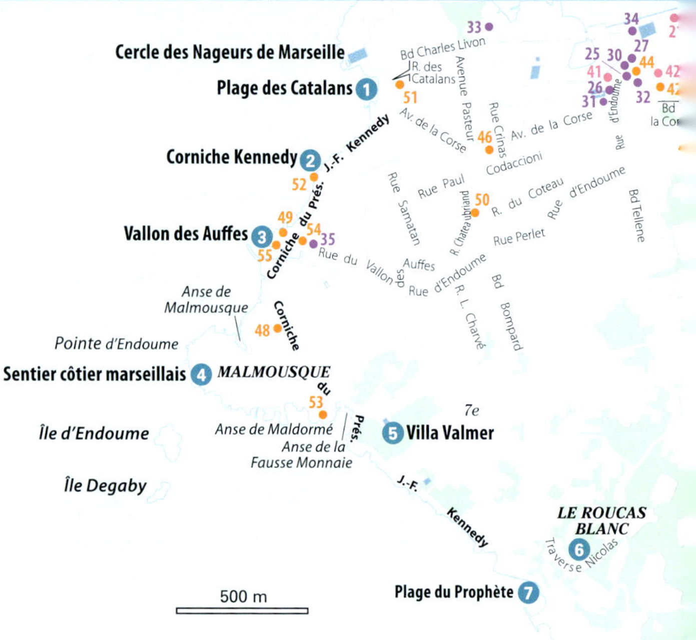

longeant les bains militaires à côté de l'**anse de Malmousque**, une crique où mouillent encore quelques pointus. Plus loin, on peut admirer la **station marine d'Endoume** et l'**île Degaby** qui lui fait face. En chemin, on s'arrête sur la miniplage bordée de rochers de l'**anse de Maldormé,** avant de croiser des cabines de bain du XIXe s. ainsi que l'hôtel et les cuisines du **Petit Nice Passédat** (p. 133 et 135). On termine dans la petite **anse de la Fausse-Monnaie,** flanquée de cabanons.

Corniche du Président-J.-F.-Kennedy, rue Malmousque, 7e arr. • Bus n° 83 (arrêt Endoume).

5 La villa et le jardin Valmer⁺⁺

La villa « Vague à la mer », son nom d'origine, passe pour être la plus jolie des « folies » construites en bord de mer à Marseille au XIXe s. Œuvre du Marseillais Condamin (1865), elle est entourée d'un parc planté d'oliviers, de pins d'Alep, de pistachiers, de lentisques et d'arbousiers. Seul le jardin se visite : la vue plongeante qu'il offre sur la rade de Marseille vaut à elle seule le détour.

*271, corniche du Président-J.-F.-Kennedy, 7e arr. • **Villa** : ne se visite pas • **Jardin** : nov.-mi-fév. : 8h-17h30; mi-fév.-fin fév. : 8h-18h30; mars-avr., sept.-mi-oct. : 8h-19h; mai-août : 8h-20h; mi-oct.-fin oct. : 8h-18h • Villa f. pour travaux ; une partie des jardins reste ouverte • Accès libre.*

6 Le quartier du Roucas-Blanc✦

Situé sur un rocher blanc qui lui donne son nom, c'est l'un des quartiers les plus chics de la ville. Entre ses villas bourgeoises constituées des anciennes « maisons d'été » des riches familles industrielles marseillaises, ses escaliers escarpés, ses ruelles sinueuses et ses vues plongeantes sur la Méditerranée, il mérite qu'on s'y attarde un peu. En 2024, la base nautique du quartier accueillera les compétitions de voile pour les Jeux olympiques d'été.

7 La plage du Prophète✦✦

C'est la plage idéale pour les familles qui ont de jeunes enfants : la pente d'accès à la mer est très douce et les bords sont peu profonds. Elle est équipée d'une buvette, d'un terrain de volley et de douches et sanitaires. De la plage, la vue embrasse une partie du littoral marseillais. L'été, quand la nuit tombe, beaucoup de soirées s'y improvisent.

Accès au niveau du 333, av. du Président-J.-F.-Kennedy, 7e arr.

Anse de Malmousque

Restos Bistrots

Le Bistrot Plage

Pizzéria, tapas 49 Plan p. 130

On aperçoit son ponton et ses transats orange depuis le haut de la Corniche. Ouvert en continu pendant l'été, ce Bistrot Plage est un endroit multiple qui fait office de restaurant, de bar lounge et de plage privée (15 € la location des matelas à la journée). D'accord, les assiettes (pizzas, salades, tapas) n'ont rien d'exceptionnel et le cadre est un peu vieillot, mais l'essentiel est ailleurs : regardez plutôt le paysage qui s'offre à vous. À l'heure du *sunset*, un apéro sur ce ponton face au Frioul, ça n'a pas de prix !

60, corniche Kennedy, 7e arr. • M° Vieux-Port, bus n° 83 (arrêt Corniche-Fregier) • 04 91 31 80 32 • www.bistrot-plage.fr • Avr.-oct. : t.l.j. 10h-1h • Salades : 16-19 € ; plat : env. 25 €.

Le Baron Perché

Italien 50 Plan p. 130

Sur les hauteurs calmes d'Endoume, ce Baron est un vrai bon plan. Au menu ? Une *burrata* divine, des *antipasti*, des plateaux de charcuterie italienne, un *fritto misto* d'encornets, des *linguine* et le Joseph, une meringue italienne avec une crème au citron. Les tables du patio aux volets bleus sont les plus prisées. La salle intérieure, avec son bar et sa déco rétro, a aussi son charme. Le week-end, les Marseillais y viennent entre amis et en famille.

45, rue Châteaubriand, 7e arr. • M° Vieux-Port, bus n° 80 (arrêt Vallon-Jourdan) • 09 51 24 89 52 • Facebook : Le Baron Perché • Mar.-sam. 12h-14h, mer.-sam. 19h30-22h30 • Menu midi : 15 €.

Peron

Chez Michel

Poissons 51 Plan p.130

Des générations de Marseillais viennent depuis toujours goûter à la bouillabaisse de Chez Michel : finement préparée avec sa rouille, elle est tout bonnement excellente. La bourride, les supions sautés à la poêle et les poissons de roche sont aussi à la carte. Cadre désuet et service à l'ancienne font le charme de cette adresse familiale.

6, rue des Catalans, 7e arr. • Mº Vieux-Port, bus nº 81 et 82 (arrêt Plage des Catalans) • 04 91 52 64 22 • www.restaurant-michel-13.fr • T.l.j. 12h-13h30 et 20h-21h30 • Bouillabaisse : 78 €.

Peron

Gastronomique 52 Plan p. 130

L'architecture de ce restaurant sélect et cosy mêle le bois et l'Inox. Côté cuisine, c'est le même raffinement : ravioles de tourteau, filets de saint-pierre rôtis, planche d'espadon, noisettes d'agneau en croûte de coriandre et navets glacés aux agrumes. Un conseil : demandez une table près des fenêtres ou en terrasse, la vue panoramique sur le large est époustouflante.

56, corniche du Président-J.-F.-Kennedy, 7e arr. • Mº Vieux-Port, bus nº 83 (arrêt Corniche-Fregier) • 04 91 52 15 22 • www.restaurant-peron.com • T.l.j. 12h-14h et 20h-22h • Bouillabaisse : 69 €; menus : de 58 à 68 € (midi).

Le Petit Nice Passédat

Gastronomique 53 Plan p. 130

LA table gastronomique de Marseille. Elle a vu défiler trois générations de la même famille, mais c'est Gérald Passédat qui lui a permis de décrocher les seules trois étoiles de Marseille ! Dans une villa toute blanche accrochée à son rocher et face au château d'If, il concocte une cuisine pleine d'iode et d'imagination : beignets d'anémones de mer et écume de lait au caviar, navarin de rouget de homard, etc. À la carte, on trouve toujours son tout premier plat, le loup « Lucie Passédat », en hommage à sa grand-mère.

Anse de Maldormé • 16, rue des Braves, 7e arr. • Mº Vieux-Port, bus nº 83 (arrêt Fausse-Monnaie) • 04 91 59 25 92 • www.passedat.fr • Mar.-sam. 12h-14h et 19h30-22h • Menus : 145-390 €.

Chez Fonfon

Poissons 54 Plan p. 130

Depuis le départ à la retraite de son père, Alexandre Pinna tient les rênes de cette institution marseillaise spécialiste de la bouillabaisse depuis 1952. Outre les plats marseillais à base de poisson (bouillabaisse, bourride, sèche, poulpe, moules), le cuisinier ouvre sa carte à des spécialités plus travaillées : croustillant de langoustines, raviolis à base de pommes. À déguster dans une déco chaleureuse avec vue sur le petit port du Vallon des Auffes.

Chez Fonfon, idéalement situé dans le Vallon des Auffes

140, rue du Vallon-des-Auffes, 7e arr. • M° Vieux-Port, bus n° 83 (arrêt Vallon des Auffes) • 04 91 52 14 38 • www.chez-fonfon.com • T.l.j. 12h-14h et 19h-21h45 • Bouillabaisse : 55 €; plateau de fruits de mer : 42 €.

L'Épuisette

Gastronomique 55 Plan p. 130

L'Épuisette s'est amarrée en bout de jetée du vallon des Auffes. Son chef étoilé, Guillaume Sourrieu, s'inspire des produits méditerranéens et des épices qu'il mêle avec talent : homard grillé en croûte d'épices, rouleau de lotte au King Crab servi avec une sphère croustillante au chou chinois et chorizo ibérique et, en dessert, une tarte soufflée au chocolat et fraîcheur de bananes fressinettes au *lime*. Un vrai voyage gastronomique.

156, rue du Vallon-des-Auffes, 7e arr. • M° Vieux-Port, bus n° 83 (arrêt Vallon des Auffes) • 04 91 52 17 82 • www.l-epuisette.fr • Mar.-sam. 12h-13h30 et 19h30-21h30; f. jeu. midi • Menus : 75-155 €.

Bars, clubs Sorties

Viaghji di Fonfon

Bar à tapas 35 Plan p. 130

C'est l'annexe à la cool de Fonfon, célèbre restaurant de poissons et de bouillabaisse (p. 133). Ici, on profite du coucher de soleil entre les arches du pont des Auffes depuis les barils de vins installés sur la miniterrasse de Viaghji. S'il n'y a pas de place, on prend son verre de vin et ses tapas méditerranéennes, on marche 5 m, et on s'assied le long du port. Cool, on vous a dit !

138, rue du Vallon des Auffes, 7e arr. • M° Vieux-Port, puis bus n° 83 (arrêt Vallon des Auffes) • 04 91 52 78 28 • www.viaghjidifonfon.com • T.l.j. 16h30-minuit (uniquement l'été).

Hôtels B&B

Petit Nice Passédat

Hôtel de luxe Plan p. 130

Trois générations que les Passédat sont à la tête de ce bijou sur l'anse de la Fausse-Monnaie. Belles chambres contemporaines côté Petit Nice, classiques côté marina, avec vue sur la mer. Piscine extérieure et excellente table (p. 133).

17, rue des Braves, corniche du Président-J.-F.-Kennedy, 7e arr. • M° Vieux-Port, puis bus n° 83 (arrêt Fausse-Monnaie) • 04 91 59 25 92 • www.passedat.fr • À partir de 260 €.

La Luna

Chambres d'hôtes Plan p. 130

Un petit paradis perdu sur la route des calanques : c'est La Luna et ses 4 chambres d'hôtes sobres et modernes, dans une maison d'architecte. Vue sur la mer, sauna et Jacuzzi creusé dans la roche !

4, imp. de la Lune, 7e arr. • M° Vieux-Port, puis bus n° 83 (arrêt Vallon-de-la-Baudille) • 06 71 62 50 36 • www.luna-marseille.fr • De 105 à 125 €, petit déj. compris.

Activités Détente

Thermes Promicéa

Thalasso-Spa

Construit en 1860 dans le style Renaissance de Chambord, le château Berger s'est reconverti en un centre de bien-être. Au programme : un parcours marin avec lit bouillonnant et sièges à microbulles, piscines d'eau de mer et hammam (parcours marin de 90 min : 50 €). D'autres soins et massages sont aussi proposés à la carte : shiatsu, modelages, enveloppements, etc.

Château Berger • 281, corniche du Président-J.-F.-Kennedy, 7e arr. • Bus n° 83 (arrêt Vallon de la Baudille) • 04 91 52 61 61 • www.thermesmarins.net • Lun., mer.-sam. 9h-18h30, dim. 9h30-18h.

Pratiquer le yoga avec vue

Une salutation au soleil avec le bruit des vagues en fond, voilà qui fait envie. Sur la plage du Prado ou dans la petite anse de Malmousque, laissez-vous porter par le cadre magique !

Période estivale ; rdv sur Facebook Gecko Yoga à Aix & Marseille pour plus d'infos ; 10 € la séance d'une heure.

BASTIDES ET CABANONS

Ils sont les deux visages de Marseille quand la ville farniente ou que les températures frôlent les 30 °C. Pour profiter de la nature grandiose qui s'offre à eux et chercher un peu de fraîcheur, les Marseillais ont construit, au fil des siècles, des maisons de villégiature. Les riches négociants du XIXe s. ont érigé des bastides grandioses sur les collines provençales. Les ouvriers du dimanche ont riposté avec des petits cabanons construits à la va-vite en bord de mer !

De la propriété agricole à la villégiature

La bastide (du provençal *bastir*, qui signifie « bâtir ») est déjà présente à Marseille au XIVe s. Mais elle n'a pas encore sa connotation de villégiature : elle désigne le plus souvent une propriété agricole entourée de vignes et de champs située aux abords de la ville. Au XVIIe s., on en compte 12000 – de la simple ferme à la propriété de maître avec dépendances, hangars et écuries. Avec l'urbanisation décidée par Louis XIV, beaucoup d'exploitations disparaissent ou se transforment en maisons de vacances rachetées par les Marseillais les plus aisés. La **peste de 1720** (p. 32) va accélérer ce phénomène : les familles fortunées fuient l'épidémie qui sévit en ville. Elles se font construire de belles maisons à l'extérieur de la ville et sur les hauteurs de Marseille. C'est ce que l'on appelle aussi les « folies », qui bordent aujourd'hui encore une partie de la **Corniche** (p. 129).

La bastide : signe extérieur de richesse

Au long du XIXe s., posséder une bastide devient un signe d'ascension

sociale. On assiste alors à une surenchère architecturale, comme en témoignent les vrais « châteaux » construits en surplomb de la Corniche : **villa Valmer, château Berger** (p. 135), **villa Gaby Deslys.** Dès le samedi soir, les propriétaires viennent y prendre le frais et profiter d'une vie plus calme. D'autant plus que l'arrivée des eaux de la Durance dans la ville (p. 72) permet de créer **jardins à l'anglaise, cascades** et **bassins.** Un siècle plus tard, l'urbanisation de Marseille et la pression des promoteurs incitent les propriétaires à vendre des parcelles de leur parc. Beaucoup de bastides sont alors détruites et cèdent la place à des immeubles, des stations-service et des parkings.

Une architecture originale

L'architecture des bastides ne répond à aucune règle stricte, mais jusqu'à la fin du XVIIIe s., on observe de nombreuses similitudes entre elles. On y accède souvent par une grille en fer forgé ouvrant sur une allée plantée d'arbres qui mène à la maison principale. Construite en pierre de taille, sa façade symétrique est propre à un certain classicisme. Les intérieurs sont richement décorés à grand renfort de boiseries et de peintures en trompe l'œil, comme on peut l'observer au **château Borély** (p. 140).

L'essor des cabanons

Au XIXe s., avec l'urbanisation et le travail pénible dans les savonneries et huileries, les ouvriers réclament aussi les joies de la villégiature et de la vie au grand air. Ils achètent alors de simples **abris de pêcheurs** éparpillés le long de la côte, de Malmousque aux calanques. S'il n'y a pas de cabane, ils en construisent une avec des matériaux de fortune. Le confort est rudimentaire : un lit, une table et un réchaud suffisent au bonheur. Car le plus important se trouve à l'extérieur du cabanon : une minuscule terrasse jetée face à la mer, des voisins tout proches pour trinquer autour d'un pastis, jouer à la pétanque ou griller des sardines. Encore très **populaires** tout au long des années 1960 et 1970, ces cabanons sont devenus **plus rares.** Ceux qui ont été rénovés ont même pris une valeur immobilière inestimable ! ■

Le culte du jardin

L'aménagement du parc est très important dans une bastide. Aux XVIIIe et XIXe s., il est de bon ton de planter des essences rares et d'ouvrir la perspective de la bastide avec un jardin à la française mêlant buis, roses, bassins et fontaines. La bastide de la Magalone (XVIIe s.), avec ses jardins ouverts au public, est l'un des plus beaux exemples. Les jardins, remaniés au fil des siècles, sont pleins de charme : palmiers, fontaines baroques à l'italienne, bassins, jardins à la française et statues dévoilent tout le raffinement d'un jardin de bastide.

245, bd Michelet, 9e arr. (HP par D5) • Horaires variables • Accès libre.

LES PLAGES ET LES QUARTIERS SUD

10

Foot, culture, musée, architecture, plage, nature et loisirs à profusion : voilà le programme chargé de ce vaste quartier, qui a vu naître les premiers projets « fous » de Marseille. C'est ici que Le Corbusier a construit la Cité radieuse, son chef-d'œuvre absolu. C'est également ici que la mairie a décidé de repousser les limites de la ville pour grignoter de l'espace sur la mer en créant, dès 1975, le parc balnéaire du Prado.

David, *avenue du Prado*

1 Les plages du Prado✦

Le long de la promenade Pompidou s'étend le parc balnéaire du Prado, une zone de loisirs gazonnée avec trois plages artificielles (sable, galets et graviers) gagnées sur la mer grâce aux remblais du métro. Plus loin, la baignade se poursuit sur les **plages de l'Escale Borély**, **de Bonneveine** et **de la Vieille-Chapelle.** Celle-ci se repère par les *Sept Portes de Jérusalem*, une sculpture de David Soussana érigée en 1985 au sommet d'une petite butte qui mène à la plage.

Promenade Georges-Pompidou.

2 L'avenue du Prado✦

Depuis les plages, l'entrée de l'avenue du Prado est symbolisée par une réplique du *David* de Michel-Ange. Curieusement en équerre, l'avenue du Prado se partage en deux : beaux immeubles et hôtels particuliers des plages jusqu'au rond-point du Prado ;

Parc Borély

immeubles plus récents ensuite jusqu'à la place Castellane.

3 Le long de l'Huveaune✦✦

Pour s'approcher à pied de la Cité radieuse ou du stade Vélodrome, vous pouvez emprunter l'agréable sentier aménagé le long de la rivière Huveaune. Il commence juste avant l'entrée du parc Borély (à g.) et rejoint l'avenue de Mazargues. En chemin, entre deux parterres de clématites, on découvre notamment l'architecture épurée du **Ballet national de Marseille**, imaginée par Roland Simounet. La promenade est ombragée à partir du jardin du Fabre.

Accès av. du Parc-Borély (devant l'entrée du parc).

4 Le parc et le musée Borély✦✦✦

Marcel Pagnol parlait déjà de lui dans *La Gloire de mon père*. Aujourd'hui, le parc Borély, avec son jardin botanique, sa roseraie, son plan d'eau et ses manèges, est toujours le lieu de promenade dominicale préféré des Marseillais. Surtout depuis que sa bastide s'est mise sur son 31 pour accueillir le nouveau musée des Arts décoratifs, de la Faïence et de la Mode.

Le château

Négociants prospères, les Borély se font construire un château dans l'esprit des bastides marseillaises. Achevé en 1778, il est considéré dès l'époque comme la plus belle des bastides de la région. La décoration intérieure fastueuse, avec ses boiseries et ses trompe-l'œil, est signée de Louis Chaix. En 1860, la propriété est léguée à la Ville de Marseille, qui en fait un parc public. Restaurée en 2013, elle accueille le **musée des Arts décoratifs, de la Faïence et de la Mode.** Ses collections, riches de 2 500 œuvres, sont présentées dans un décor moderne. À ne pas manquer : la Galerie des céramiques dans un écrin orange très *seventies* et le Cabinet de bains, très « cocotte ».

Le parc

Le week-end, les Marseillais viennent se balader ici, entre saules pleureurs, lac, petits ponts et oies en liberté ! Le parc comprend des **jardins à la française** dessinés au cordeau et ornés de jets d'eau, un

jardin paysager à l'anglaise, plus touffu et vivant, et une **roseraie** de plus de 1 200 variétés qui embaument tout l'été. Le long de l'avenue Clot-Bey, jetez un œil à la cascade en rocaille du XIXe s. : elle abrite la sculpture *La Fontaine aux oiseaux* de Jean-Michel Folon.

Le jardin botanique

C'est en 1914 que le jardin botanique de Marseille s'enracine définitivement le long de l'avenue Clot-Bey. À l'entrée, à gauche, une serre en fer forgé du XIXe s. regroupe des végétaux tropicaux. À côté, le **Jardin chinois** alterne temples, bassins de carpes et flore asiatique. En face, un carré de plantes succulentes (agaves) et de plantes grimpantes précède le **Jardin japonais** et le **Jardin méditerranéen.** La visite se termine avec les plantes médicinales, où l'on apprend que le petit houx est recommandé en cas de jaunisse et que le jujubier est un bon sédatif...

134, av. Clot-Bey, 8e arr. • ***Musée :*** *☎ 04 91 55 33 60 • http://musee-borely.marseille.fr • Mar.-dim. 9h-18h, f. 1er janv., 1er mai, 1er et 11 nov. et 25 déc. • Accès libre •* ***Parc :*** *t.l.j. 7h-21h (22h l'été) • Accès libre.*

5 La plage de Pointe-Rouge✦

Cette grande plage de sable, populaire et aux fonds peu profonds, s'étend sur 200 m, avec, dans la continuité, le port de plaisance qui accueille près de 1 000 bateaux en escale. Sur la plage subsistent quelques cabanons avec une vue imprenable sur la mer. En été, il est agréable de siroter son pastis à l'une des terrasses de bars ou de restaurants installés directement sur la plage. Petit avantage pour les amateurs de voile mais gros inconvénient pour les baigneurs : située plein nord,

Pause bucolique : Café Borély

Impossible de ne pas craquer pour le cadre bucolique de la cour en terre battue, où trône un figuier, ou pour la déco archi-design et scandinave du café niché dans le pavillon Est du château Borély. En cuisine, c'est Ariel Lorin qui régale. Cet autodidacte des casseroles, vrai amoureux des bons produits (biologiques ou paysans), cuisine tous les jours des assiettes qui déclinent soupes, bagels, légumes rôtis, œufs cocotte ou blanquette de veau. Ses brunchs du dimanche sont parmi les plus courus en ville !

56 plan p. 140 • *Château Borély, pavillon Est, 134, av. Clot-Bey, 8e arr. • ☎ 04 91 22 46 87 • www.cafeborely.fr • Mar.-dim. 10h-18h • Plat du jour : 17-19 €.*

la plage prend facilement le vent, surtout quand le mistral se lève.

Av. Montredon, 8e arr.

6 Le musée d'Art contemporain (MAC)✦

Toutes les formes de l'art contemporain s'exposent dans ce musée aux murs orangés. Il a été créé en 1988 pour désengorger le musée Cantini. Les collections, échelonnées de 1960 à nos jours, donnent surtout lieu à des expositions temporaires. Profitez de votre visite pour jeter un œil à l'immense ***Pouce* de César** en bronze sur le rond-point Pierre-Guerre.

69, av. d'Haïfa, 8e arr. • 04 91 25 01 07 • http://mac.marseille.fr • Mar.-dim. 10h-18h • Entrée : 6 € • F. pour travaux. Centre de documentation ouvert sur r.-v.

7 La Cité radieuse et le MAMO✦✦✦

En 1945, Le Corbusier se voit confier la réalisation d'une unité d'habitations à Marseille. Achevée en 1952, cette Cité radieuse conçue pour accueillir 1 600 habitants n'en regroupe aujourd'hui qu'un petit millier, vivant sous le régime de la copropriété. Depuis 2013, le vieux gymnase du toit-terrasse abrite un centre d'art contemporain.

Un concept innovant

L'architecte veut construire une cité-jardin verticale composée de logements individuels intégrés dans une structure collective. L'espace, la verdure, le silence et

Plage de Pointe-Rouge

le soleil y auraient une place de choix grâce à la maîtrise du son, de la lumière et de l'aménagement intérieur. Pour calculer ses dimensions, Le Corbusier utilise le Modulor, une unité de mesure de son invention qui prend le corps humain pour étalon.

Un immeuble sur pilotis

Le Corbusier choisit le béton brut : après la guerre, les matériaux sont rares et le béton bon marché. La structure est montée sur pilotis pour permettre une meilleure circulation sous le bâtiment et alléger son imposant volume : 56 m de haut, 137 m de long et 24 m de large. Elle comprend 337 logements répartis sur 18 niveaux coiffés d'un toit-terrasse. Sur place : une école maternelle, une cour de récréation, une bibliothèque, une galerie commerciale, un gymnase… Aujourd'hui, beaucoup de ces équipements n'existent plus. À la place du gymnase, on trouve le **Marseille Modulor**, appelé **MAMO.** Ce centre d'art contemporain, imaginé par le designer Ora-ïto, accueille des expositions temporaires d'œuvres in situ, qui rendent hommage aux lieux.

Les appartements

Les appartements sont construits en général sur deux niveaux, orientés est-ouest avec une loggia colorée donnant sur la verdure et des chambres en mezzanine. Les 23 types de logements vont du studio au grand appartement et intègrent une cuisine équipée ouverte sur le salon, isolation phonique et double vitrage. Une rue intérieure dessert les logements aux portes de couleurs vives.

Immeuble Le Corbusier • 280, bd Michelet, 8e arr. • Visite libre gratuite : t.l.j. 9h-18h ; visite guidée avec l'office de tourisme, sur résa : 10 €, www.resamarseille.com, ☎0826 500 500 (0,15 €/min) • **MAMO :** *☎01 42 46 00 09 • www.mamo.fr • Mer.-dim. 11h-18h • Entrée libre.*

8 Le stade Vélodrome✦✦✦

Bâti pour la Coupe du monde de football de 1938, c'est le deuxième plus grand stade français après le Stade de France. Entièrement rénové pour l'Euro 2016, il peut accueillir 67 000 spectateurs dans ses tribunes désormais recouvertes d'un grand toit blanc et translucide.

Le stade

Conçu par l'architecte Henri Ploquin, le stade s'installe sur des terrains militaires du sud de la ville et est inauguré le 13 juin 1937 après deux ans de travaux. Il abrite 35 000 places. L'éclairage arrive en 1958 et le stade fait l'objet d'un premier agrandissement en 1971. Le vélodrome d'origine en fait les frais et disparaît peu à peu au profit des nouveaux gradins. En 1998, il s'agrandit encore et franchit le palier des 60 000 places. Après de récents travaux, il fait partie des stades classés 5-étoiles par l'UEFA, qui favorisent le confort des joueurs et des spectateurs. À proximité, un pôle d'attractivité s'est construit comprenant centre commercial, bureaux, restaurants et hôtels.

L'Olympique de Marseille

La star du Vélodrome, c'est l'OM ! Créé en 1889, le club gagne le titre de champion du Littoral dès sa première saison. En 1924, il remporte la première victoire de la Coupe de France. Les années Tapie marquent son apogée : l'équipe est quatre fois consécutives championne de France entre 1988 et 1992, et vainqueur de la Coupe d'Europe en 1993 pour la première fois dans l'histoire du football français. Mais la même année, l'affaire judiciaire OM-Valenciennes lui interdit de participer à la prochaine Coupe d'Europe et la rétrograde en 2e division. La descente aux enfers durera deux saisons jusqu'à son retour en ligue 1 en 1996-1997. En 2010, l'OM bat Bordeaux en finale de la Coupe de la Ligue, que le club remporte aussi en 2011 et 2012. En 2019-2020, l'équipe évolue en ligue 1 pour la 80e fois de son histoire, un record à ce jour ! Les fans pourront acheter écharpes, vêtements, tasses et nounours dans la boutique, près du Vieux-Port (44, la Canebière ☎ 04 91 39 30 30, lun.-sam. 10h-19h, dim. 10h-18h).

3, bd Michelet, 8e arr. • www.orange velodrome.com • Visite guidée (sous réserve d'accueil d'événements) vac. scol. toutes zones : t.l.j., hors vac. scol. : mer., ven.-dim. ; horaires : avr.-août. 10h-19h, sept.-mars 10h-17h • Entrée : 18 €.

Restos | Bars | Hôtels | Shopping | Activités

Restos Bistrots

La Villa

Fusion 57 Plan p. 140

Voici un agréable restaurant où aime se retrouver le Tout-Marseille. La terrasse ombragée sous sa tonnelle ainsi que les confortables salons font tout le charme du lieu. En cuisine, trois chefs se relaient pour proposer une carte très variée : des pizzas, des coquillages, des sushis, des makis, des viandes et des poissons grillés au feu de bois.

113, rue Jean-Mermoz, 8e arr. • M° Rond-Point-du-Prado • ☎ 04 91 71 21 11 • www.restaurant-la-villa.fr • T.l.j. 12h-14h et 18h-23h30 • Plat : 28 € env.

Le Ventre de l'Architecte

Gastronomique 58 Plan p. 140

De passage à la « Maison du Fada », arrêtez-vous dans ce

Bar des Amis

restaurant semi-gastronomique, situé au 3e niveau (on parle de niveau et non d'étage avec Le Corbusier). Mobilier d'époque et vue à couper le souffle sur la mer. L'accueil peut parfois être un peu rustre, mais les plats sont toujours recherchés : araignée de cochon rôtie, poêlée des sous-bois, pêche du jour rôtie comme une choucroute... Si ça n'est pas l'heure, profitez quand même de la vue et du balcon autour d'un café ou d'un verre de vin !

280, bd Michelet, 8e arr. • Mo Rond-Point du Prado, bus no 21 et 22 (arrêt Le Corbusier) • ☏04 91 16 78 23 • www.hotellecorbusier.com • Menus : 29-32 € (midi) et 59 € (soir).

Bars, clubs Sorties

Le Bar des Amis

Café, bar 36 Plan p. 140

Situé aux premières loges des plages de la Pointe Rouge, voici un bar qui porte bien son nom. On vient ici sans prise de tête, pour un café du matin ou pour trinquer au soleil couchant. On y goûte une cuisine de comptoir, saisonnière et inspirée par les produits frais de Méditerranée. Les amateurs de surf s'y sentiront bien, dans une déco aux accents californiens. Parfait pour un apéro iodé, loin du tumulte du centre-ville.

23, av. de la Pointe-Rouge, 8e arr. • Bus n° 19 ou 47 (arrêt Vieille Chapelle) • 04 91 96 17 62 • Facebook : bardesamismarseille • T.l.j. 6h-2h • Bière pression : 3 € ; pastis : 2,50 €; tapas : 6-8 €.

The Red Lion

Pub 37 Plan p. 140

Un *hotspot* de l'après-plage ! Dès 17h, il est pris d'assaut par des hordes de jeunes, d'étudiants et de fêtards qui squattent sa longue terrasse, avec vue directe sur la baie du Prado. L'été, ça déborde de partout, jusque sur la plage ! Comme tout pub qui se respecte, il se passe toujours quelque chose ici entre concerts, retransmissions sportives et soirées à thème.

231, av. Pierre-Mendès-France, 8e arr. • M° Rond-Point du Prado, puis bus n° 19 (arrêt Les Gatons Plage) • 04 91 25 17 17 • www.pub-redlion.com • T.l.j. 16h-2h (4h sam.-dim. et veille de j. férié).

Le Bazar

Club 38 plan p. 140

En fin de semaine, on file vers ce lieu qui agite la nuit marseillaise. L'hiver, la soirée débute dès 20h à l'Élysée, le *before* ouvert en face, et se poursuit dès minuit au Bazar sur des sons de techno et de deep house. L'été, Le Bazar ferme pour se concentrer sur sa Palmeraie : une immense terrasse aménagée de cabanes marocaines et de palmiers. On y danse sur une musique grand public.

90, av. Rabatau, 8e arr. • M° Rond-Point-du-Prado • 06 58 52 15 15 • www.bazarmarseille.com • Lun.-mar., jeu.-sam. minuit-6h (ven.-sam. uniquement en hiver) • Entrée : 20 €.

Hôtels B&B

Hôtel Le Corbusier

Hôtel historique Plan p. 140

Au 3e étage de la Cité Radieuse de Le Corbusier, chambres, studios et cabines sont tous d'origine : retour vers les *fifties* assuré !

280, bd Michelet, 8e arr. • M° Rond-Point-du-Prado, puis bus n° 21 ou 22 (arrêt Le Corbusier) • 04 91 16 78 00 • www.gerardin-corbusier.com • De 79 à 182 €; petit déj. : 12 €.

NOTRE TOP DES BARS D'ÉTÉ

Climat oblige, dans la cité phocéenne les soirées se déroulent au grand air dès les beaux jours venus. Entre DJ sets, apéros avec vue et tapas dégustées au bord de l'eau, voici notre sélection pour un été animé.

La Friche La Belle de Mai

Cinéma à la belle étoile ou DJ sets sur le toit-terrasse : les soirées d'été se suivent et ne se ressemblent pas.

Voir p. 74, De Saint-Charles à Longchamp.

Viaghji di Fonfon

Instant magique garanti au pied du village du vallon des Auffes.

Voir p. 134, Le long de la corniche Kennedy.

Café de l'Abbaye

Un bar de quartier avec vue sur le Vieux-Port : on s'y presse pour trinquer debout sur le trottoir dans une ambiance conviviale.

Voir p. 122, Le sud du Vieux-Port.

The Red Lion

Un pub, un vrai, juste en face de la mer, parfait après la baignade. Ici l'apéro commence très tôt !

Voir p. 146, Les plages et les quartiers sud.

La Friche la Belle de Mai

LES CALANQUES 11

Devenu Parc national en 2012, le massif des Calanques s'étend sur plus de 20 km entre Marseille et La Ciotat. Entre roches blanches vertigineuses et criques à l'eau turquoise, le décor se révèle grandiose et la nature sauvage. Les randonneurs chevronnés en font le tour en 2 jours, mais une mini-escapade suffit pour goûter à ce coin de paradis terrestre et maritime.

Comment y aller ? Voir carnet pratique p. 179.

Port de La Madrague-de-Montredon

1 Le Port de la Madrague-de-Montredon⁺⁺

C'est un charmant petit port qui a gardé son authenticité, situé entre la Pointe-Rouge et les calanques. Cet ancien village, qui fait aujourd'hui partie de la ville de Marseille, vécut longtemps de la pêche au thon. On y vient pour profiter du calme et de la vue magnifique sur Marseille, surtout au coucher du soleil. On peut également se baigner sur l'une des petites plages et criques situées de part et d'autre du port, ou déguster un poisson grillé dans l'un des restaurants à fleur d'eau.

Av. de la Madrague-de-Montredon, 8e arr.

2 La friche de l'Escalette⁺⁺

Juste avant d'arriver aux Goudes, un stop à la calanque de l'Escalette s'impose. Depuis 2016, un galeriste a transformé les ruines de l'ancienne usine à plomb des lieux en un parc de sculptures géantes et d'architecture légère. Résultat ? On foule les sols de ces vestiges industriels tout en découvrant des expositions temporaires branchées sur le design des années 1950, 1960 et 1970. La visite (guidée) promet de superbes panoramas sur la mer. Bref, un max de sensations (accessible seulement une partie de l'année).

Route des Goudes, imp. de l'Escalette, 8e arr. • www.friche-escalette.com • Gratuit, sur résa.

3 Le Chemin des Goudes⁺⁺

La côte sauvage vous conduit de la Madrague aux Goudes en passant par les **calanques de Saména et de l'Escalette** (ci-contre). Longue et étroite, celle de Saména est une crique blottie dans les rochers où les Marseillais aiment venir nager. L'été, pour rejoindre le village des Goudes, on vous conseille de grimper dans une des navettes maritimes

L'île du Planier

Au large de la Pointe-Rouge, le Planier se voit de loin avec son unique et gigantesque phare blanc qui domine l'île de ses 65 m de haut. Le premier phare y fut construit au Moyen Âge, celui-ci date de 1959. L'île n'est pas accessible au public. Aux abords du Planier, les fonds sous-marins abritent de belles épaves d'avions et d'hydravions.

www.marseilletourisme.fr

Pause avec vue : Le Petit Port

À peine visible depuis la route qui mène aux Goudes, ce restaurant doté d'une immense terrasse surplombe une petite crique digne d'une carte postale où sont amarrées quelques barquettes. À la carte : choix entre pizzas au feu de bois (11-19 €) et spécialités provençales : beignets de calamars ou de fleurs de courgette, supions et filets de rouget à la tapenade. Attention, les prix grimpent vite !

59 plan p. 150 • *L'Escalette, route des Goudes • M° Rond-point du Prado, puis bus n° 19 et n° 20 (arrêt Escalette) • 04 30 22 01 52 • www.restaurantlepetitport.fr • T.l.j. 12h-14h et 19h-22h30.*

Les calanques en bateau

Laissez-vous tenter par une croisière dans les calanques. Vu de la mer, le panorama est impressionnant, et l'on mesure mieux la hauteur des falaises. Le bateau se faufile dans les calanques et s'approche au plus près de ports minuscules plantés de cabanons... Il suffit simplement de faire abstraction de la foule sur le bateau et du bruit du moteur... Un conseil : l'été, plusieurs compagnies proposent une découverte originale des calanques (bateau écolo, tour combiné avec baignade, etc.), renseignez-vous à l'office de tourisme (p. 180).

Depuis le Vieux-Port de Marseille ou le port de Cassis • Voir p. 179.

qui partent de Pointe-Rouge : l'arrivée en bateau dans ce petit port a quelque chose de magique !

4 La baie des Singes et l'île Maïre✦✦

Arrivé au parking des Goudes, deux options s'offrent à vous. À gauche, le chemin de randonnée mène au **blockhaus des Goudes**, vestige de la Seconde Guerre mondiale. De là, vous aurez un panorama parfait sur la mer et sur l'**île Maïre** située juste en face. À droite, un chemin escarpé serpente entre les roches et aboutit en 15 min de marche à **Port Croisette**, une plage de sable minuscule. Vous pourrez même vous attabler au restaurant La Baie des Singes (p. 155).

5 Les Goudes, Callelongue et Marseilleveyre✦✦✦

Cet itinéraire est idéal pour avoir un bel aperçu d'une calanque en peu de temps. La route conduit tout d'abord au charmant **port des Goudes**, qui semble taillé dans la roche. Terminus à **Callelongue**, où l'on se croit au bout du monde : une seule rue principale draine ce minuscule port très fréquenté par les Marseillais. Depuis Callelongue, on peut rejoindre la calanque de **Marseilleveyre** et sa petite plage avec buvette-restaurant en empruntant le sentier des Douaniers (env. 45 min de marche).

Depuis le métro Rond-point du Prado, bus n° 19 jusqu'à la Madrague de Montredon, puis bus n° 20.

6 Sormiou✦✦✦

C'est la plus grande des calanques et la seule à avoir une plage surveillée en été. Elle regroupe plus d'une centaine de cabanons habités toute l'année et dissimule un petit port protégé par une digue. Assez facile d'accès, c'est peut-être la calanque la plus familiale de toutes. Sur place, on peut pêcher, grimper, faire des randonnées pour découvrir le Bec de Sormiou, louer un kayak, jouer à la pétanque ou tout simplement profiter de sa grande plage de sable fin.

Sugiton, crique des Pierres Tombées

Morgiou

Accès en voiture hors saison ou bus n° 23 depuis le rond-point du Prado (arrêt La Cayolle) puis 3,5 km de marche.

7 Morgiou ✦✦✦

Voisine de Sormiou, elle est célèbre pour la **grotte sous-marine** découverte en 1992 par Henri Cosquer à 38 m de profondeur (ne se visite pas, voir p. 56). Elle offre le même cadre enchanteur que Sormiou mais à une plus petite échelle : port de pêche, cabanons, eaux turquoise, roches et falaises… Un décor hors du temps.

Accès en voiture hors saison ou bus n° 22 depuis le rond-point du Prado (arrêt Les Baumettes) puis 4 km de marche.

8 Sugiton ✦✦✦

On la reconnaît facilement grâce à son **îlot du Torpilleur**, détaché dans la mer au milieu de sa baie. Dominée par le mont Puget (565 m), elle offre deux plages : une de sable, une de pierres. Pour y accéder, comptez 1h15 de marche (sur des sentes parfois escarpées) depuis le parking de Luminy. À l'est, la crique Les Pierres Tombées a longtemps été un coin réservé aux naturistes.

Bus depuis le rond-point du Prado : bus n° 21 (arrêt Luminy).

9 Port-Miou et Port-Pin ✦✦

Seule calanque située sur la commune de **Cassis**, **Port-Miou** est à 30 min de marche du centre de la station balnéaire. Plus de 500 voiliers mouillent dans ce bel abri naturel, véritable petit fjord qui s'avance profondément dans les terres. Il est possible de louer des kayaks ou de partir en sortie accompagnée avec Lo'kayak (www.lokayakcassis.com). Pour **Port-Pin**, petite calanque ornée de pins d'Alep et d'une minuscule plage, compter 1h de marche depuis le parking.

Accès depuis Cassis : parking à l'entrée de la ville et navettes gratuites en saison jusqu'au départ des sentiers vers les calanques. Accès depuis Marseille par le col de la Gineste.

10 En-Vau+++

On dit que c'est une des plus belles calanques du massif ! Bordée de hautes falaises blanches déchiquetées qui font le régal des grimpeurs, elle a gagné le surnom de « cathédrale » ! Pour y accéder, il va falloir marcher longtemps sur le chemin parfois très étroit du GR 98-51. Ou louer un kayak depuis la calanque de Port-Miou. À l'arrivée : une baie paradisiaque, des eaux turquoise, mais une plage malheureusement très vite prise d'assaut.

Mêmes accès que pour les calanques de Port-Miou et de Port-Pin.

Port-Miou

Les calanques en toute sécurité

Depuis avril 2012, le massif des calanques est devenu un Parc national. C'est le 1er parc périur-bain d'Europe et le seul Parc national français à la fois terrestre (8 300 ha) et marin (43 500 ha). Un arrêté préfectoral en limite l'accès du 1er juin au 30 septembre : seule la tranche horaire 6h-11h est autorisée. Trois niveaux de danger « feu de forêt » sont émis chaque jour. Pour se renseigner : ☎ 08 11 20 13 13.

Restriction d'accès en voiture pour les calanques de Sormiou et Morgiou : début avr.-fin oct. t.l.j. 7h-19h30. Voir le site Internet ou l'application smartphone « Mes Calanques ! » pour les dates précises.

Avant de partir : assurez-vous d'avoir avec vous sac à dos, chaussures de marche, trousse de premier secours, vêtements de protection (le Mistral est glacial dans les calanques) mais aussi chapeau, crème solaire, lunettes de soleil et eau (1,5 l minimum).

Établissement public du Parc national des Calanques • ☎ 04 20 10 50 00 • www.calanques-parcnational.fr • Application smartphone Mes Calanques sur AppStore et Google Play.

Restos Bistrots

La Grotte

Pizzéria 60 Plan p. 150

On ne peut pas aller plus loin que ce restaurant situé en bout de route. Les pizzas (à partir de 15 € env.) font la renommée du lieu, mais on y vient aussi pour ses poissons. De retour de balade, on peut y faire une halte et profiter de la beauté des paysages devant un chocolat chaud ou une glace.

1, av. des Pébrons, Callelongue, 8e arr. • 04 91 73 17 79 • www.lagrotte-restaurant.fr • Lun.-ven. 12h-14h et 19h30-22h, sam.-dim. 12h-15h et 19h30-22h30.

L'Esplaï, le Grand Bar des Goudes

Poissons 61 Plan p. 150

Que dites-vous de goûter à des poissons pêchés ici, dans le port des Goudes ? Rougets, rascasses, poulpes… les plats changent en fonction de l'arrivage. Passionné et pédagogue, le maître des lieux vous enseignera l'art et les secrets de la bouillabaisse (50 €) et de

Chez le Belge

la bourride, des spécialités de la maison. De quoi passer un agréable moment dans une ambiance familiale tout en profitant de la vue sur ce petit port pittoresque.

29, rue Désiré-Pelaprat, 8e arr. • M° Castellane, bus n° 19 (arrêt Madrague de Montredon), puis bus n° 20 (arrêt Delabre-Pellaprat) • ☎ 04 91 73 43 69 • www.grandbardesgoudes.fr • Lun.-mar., ven. 12h-14h et 20h-21h30, jeu. 20h-21h30, sam.-dim. 12h-14h30 et 20h-22h • Plats : 16-32 €; menus mer : 55-65 €.

La Baie des Singes

Poissons 62 Plan p. 150

Cet ancien petit cabanon avec calanque privée bénéficie d'une situation exceptionnelle, face à la Méditerranée. La cuisine, simple, est basée sur les produits de la mer, principalement poissons grillés et bouillabaisse.

Anse Croisette • Les Goudes, 8e arr. • M° Castellane, bus n° 19 (arrêt Madrague de Montredon), puis bus n° 20 (arrêt Les Goudes) • ☎ 04 91 73 68 87 • www.la-baie-des-singes.fr • 15 avr.-oct. : t.l.j. 12h-15h et 19h-21h30 (résa conseillée) • Plat : 26 € env.

Chez le Belge

Familial 63 Plan p. 150

C'est le genre d'adresse bien planquée et qui se mérite : il vous faudra 45 min à 1h de marche par le GR98 qui longe la mer à Callelongue avant de vous attabler chez ce Belge-là ! À la clé, un cadre paradisiaque, et au menu, c'est simple et vite fait : spaghettis bolognaise, côtes de porc ou crêpes. Et pour cause : il n'y a pas d'électricité ici (donc ni règlement en CB, ni réservation par téléphone) ! Authentique, on a dit !

Calanque de Marseilleveyre, 8e arr. • M° Rond-Point-du-Prado, bus n° 19 (arrêt Madrague-de-Montredon), puis bus n° 20 (arrêt Callelongue) et chemin côtier (2 km) • Ven.-lun. 12h30-14h30 et 19h-21h (ouv. aussi mar. midi l'été) ; vérifiez les horaires sur Facebook : chezlebelge13 • Plat : 20 € env.

Bars, clubs Sorties

20 000 Lieues sous la Bière

Pub 39 Plan p. 150

Sur la route des Goudes, arrêtez-vous dans ce pub. L'été, tout se passe sur sa terrasse faite de tonneaux et de tables façon pique-nique. L'hiver, on se retrouve dans la salle tout de bois vêtue équipée de jeux de fléchettes et d'une table de billard. Le service se fait au comptoir, et le pub sert en continu une petite restauration.

12, bd Alexandre Delabre, 8e arr. • M° Rond-Point-du-Prado, puis bus n° 19 et n° 20 (arrêt Les Goudes) • ☎ 04 91 25 05 24 • Facebook : Le20000Lieues • Lun.-ven. 14h-1h, sam.-dim. 12h-2h (f. 3 sem. en déc.; vérifier les jours et horaires d'ouverture sur leur page Facebook) • Bière : à partir de 3,50 €.

Hôtels B&B

Hôtel 96

Hôtel avec piscine Plan p. 150

Quatre générations de la famille Racine cohabitent sous le même toit. Elles ont transformé une partie de la propriété, située aux portes des calanques, en 13 chambres agréables. Piscine, décor de verdure, confort, déco design et petit déjeuner maison.

96, av. de la Soude, 9e arr. • M° Rond-Point-du-Prado, puis bus n° 22 (arrêt Morgiou-Rosiers) • ☏ 04 91 71 90 22 • www.hotel96.com • De 89 à 129 €; petit déj. : 14 €.

GinKgo

Maison d'hôtes Plan p. 150

GinKgo, c'est avant tout une histoire de famille. Charlène et Raphaël, frère et sœur, ont investi avec délicatesse la villa de leur grand-père pour la transformer en maison d'hôtes. Les 3 chambres sont décorées avec beaucoup de soin, et on goûte au charme du beau jardin. Un petit coin de paradis !

3, av. Frédéric le Play, 9e arr. • Bus n° 23 (arrêt Soude Réginensi) • ☏ 06 27 46 82 50 • www.ginkgomarseille.fr • Chambre à partir de 90 €.

Infos Covid-19

Toutes les informations de ce guide ont été scrupuleusement actualisées. Néanmoins, compte tenu du contexte sanitaire, de nombreux sites sont amenés à restreindre leurs horaires d'ouverture, parfois à fermer l'accès à certaines salles ou à suspendre provisoirement démonstrations ou activités. Les consignes évoluent régulièrement. Nous vous recommandons de vérifier les horaires et conditions de visite de chaque lieu et adresse sur leur site internet ou leur page Facebook. Par ailleurs, de nombreux musées demandent de réserver la visite.

NOS PLUS BELLES ADRESSES AU BORD DE L'EAU

Qui n'aurait pas envie de s'attabler devant le bleu infini de la Méditerranée en profitant des rayons du soleil et en observant le ballet des bateaux? Pour un repas les pieds dans l'eau, ou presque, suivez le guide!

L'Esplaï

Un décor de carte postale au village des Goudes, où l'on déguste des produits de la mer parmi les meilleurs de Marseille.

Voir p. 154, Les calanques.

Chez le Belge

La cuisine est rudimentaire mais honnête, et le cadre est absolument paradisiaque, caché dans les calanques.

Voir p. 155, Les calanques.

Le Petit Port

La terrasse, accrochée à une falaise, domine le charmant port de l'Escalette.

Voir p. 149, Les calanques.

L'Épuisette

Pêche locale, plats créatifs aux accents méditerranéens et vue splendide sur les îles du Frioul : voilà la recette magique de ce resto gastronomique!

Voir p. 134, le long de la Corniche Kennedy.

Vue sur les Goudes depuis L'Esplaï

L'ARCHIPEL DU FRIOUL

12

Battues par le vent, sèches et désertiques, les îles du Frioul n'offrent pas une vie facile. Pendant des siècles, leurs forteresses ont assuré la protection du port de Marseille. Celle d'If conserve tout son mystère. L'ambiance est plus paisible sur les îles Pomègues et Ratonneau, qui attirent plaisanciers, plongeurs et randonneurs. Pour cause : eaux turquoise et criques de rêve.

Calanque de Morgiret, île Ratonneau

1 La traversée vers les îles du Frioul⁺⁺

L'archipel du Frioul compte quatre îles : If, Ratonneau, Pomègues et Tiboulen. Par beau temps, la traversée en bateau de Marseille jusqu'aux îles est aussi dépaysante qu'une croisière en pleine mer. Pour que ce soit un vrai plaisir, arrivez suffisamment en avance pour trouver une place assise ! Après 20 min de traversée, If est en vue, puis Pomègues et Ratonneau. L'îlot Tiboulen n'est accessible qu'en bateau privé.

Le Bateau • 1, quai de la Fraternité, 1er arr. • 04 96 11 03 50 • Horaires sur www.lebateau-frioul-if.fr • Traversée : 11,10 € A/R Vieux-Port/Île du Frioul ou Vieux-Port/Île d'If, 16,70 € A/R combiné Vieux-Port/Île du Frioul/Île d'If.

2 Le château d'If⁺⁺

On doit cette forteresse sur l'**île d'If** à François Ier, qui voulut doter la rade de Marseille d'un système de défense. Dès la fin du XVIe s., elle devint prison et accueillit de nombreux opposants politiques ou religieux,

Château d'If et île Pomègues en arrière-plan

dont 3 500 protestants. Mais le plus illustre prisonnier d'If fut Edmond Dantès, comte de Monte-Cristo, que la plume et l'imagination d'Alexandre Dumas père firent passer près de 15 ans au fond d'un cachot…

Île d'If, 1er arr. • 06 03 06 25 26 • www.chateau-if.fr • Oct.-mars : mar.-dim. 10h30-17h; mai-sept. : t.l.j. 10h30-18h; f. 1er janv., 1er mai et 25 déc. Attention, f. en cas de mauvaise météo • Entrée : 6 €.

3 Le sentier balisé✦

Depuis l'entrée du château, un chemin part à la découverte de la faune et de la flore de l'île en suivant le chemin de ronde de la forteresse. Tout en profitant de très beaux points de vue sur Marseille, on découvre les seuls habitants d'If : goélands, martinets, choucas, fauvettes, lézards… Exposition permanente sur le

Les brasseries du port de Ratonneau

À peine débarqué sur l'île Ratonneau, vous ne verrez que ça : une enfilade de brasseries et de petits restaurants prêts à accueillir les randonneurs et les touristes. C'est l'occasion de prendre des forces avant de partir à l'assaut des cailloux : pizzas, poissons, glaces, vous n'aurez que l'embarras du choix. À vous de choisir votre terrasse préférée !

64 plan p. 160 • *Quai d'Honneur, port du Frioul, 7e arr.*

patrimoine biologique des îles dans l'aile sud du château d'If.

Île d'If, 1er arr.

4 Ratonneau et Pomègues✦✦✦

Ces deux îles du Frioul sont reliées par la digue Berry, longue de 360 m. L'ambiance est balnéaire à Ratonneau avec son port de plaisance très prisé et ses restaurants (brasseries et pizzérias) sur le quai. Dans les années 1970, l'île a commencé la construction d'un petit programme immobilier, aujourd'hui en assez mauvais état. Plus sauvage, Pomègues est très recherchée pour ses criques et ses balades pédestres (prévoir un pique-nique).

À 10 min d'If en bateau, 7e arr.

5 La calanque et la plage de Saint-Estève✦✦

Au Frioul, la clarté de l'eau est légendaire. À 10 min à pied du débarcadère, il est très facile d'en vérifier l'exactitude : propices à la baignade, la crique de Saint-Estève et sa petite plage de sable sont directement accessibles et surveillées une partie de l'été. Ce qui n'est pas le cas des autres criques de l'île, superbes, mais plus isolées.

Île de Ratonneau, 7e arr. • 15 min à pied : suivre le Chemin-de-Saint-Estève, direction Hôpital Caroline.

6 L'hôpital Caroline✦

Il ne reste plus grand-chose du lazaret du XIXe s. construit pour les équipages atteints de la fièvre jaune et mis en quarantaine. Les bâtiments, en ruine, sont en cours de réhabilitation grâce à l'association Les Amis de Michel-Robert Penchaud, qui œuvre pour la sauvegarde de l'hôpital. Chaque été en juillet, le lieu reprend vie lors d'événements et de festivals.

Île Ratonneau, 7e arr. • 20 min à pied : suivre le Chemin-de-Saint-Estève, direction hôpital Caroline • www.marseilletourisme.fr • Accès libre.

Hôpital Caroline

7 La ferme piscicole Provence Aquaculture✦

En grimpant vers le sémaphore de Pomègues, on devine sous l'eau claire (certifiée excellente) les structures de cette ferme qui élève des loups (bars) bio. La ferme fournit plusieurs restaurants de la région. Pour les goûter, direction **La Grillade** (✆ 04 91 59 07 07) sur le quai d'Honneur de l'île Ratonneau, ou sur le continent, **Chez Jeannot** (129, vallon des Auffes, ✆ 04 91 52 11 28, www.pizzeriachezjeannot.com).

Île Pomègues, 7e arr. • ✆ 04 91 59 03 41 • www.provaqua.com

L'ESTAQUE

13

Cézanne et Braque l'ont peinte, Robert Guédiguian l'a filmée. Située tout au nord de Marseille dans le 16e arrondissement, l'Estaque a gardé son âme villageoise. Blotti au pied de la chaîne de la Nerthe, son petit port de pêche s'est développé tout au long du XXe s. grâce aux usines de tuilerie, de cimenterie et aux industries chimiques. Malgré les fermetures d'usines, ses habitants ont gardé le sourire et leurs traditions. À vous les spectacles de joutes et les panisses brûlantes !

Vue sur le port et le village de l'Estaque

1 Le village✦✦

L'Estaque a tout du village provençal avec sa place de l'Église, ses rues qui grimpent et ses maisons colorées aux toits de tuiles. Quelques belles villas de la fin du XIXe s. et du début du XXe s. – **la Palestine** au no 126 Plage-de-l'Estaque et l'ancien **Hôtel de la Falaise** en haut du village – affichent leurs façades baroques. En descendant vers le port, empruntez la **rue de la Lucrèce** : elle est si étroite que deux hommes ne peuvent s'y croiser.

2 Le chemin des peintres✦✦

Depuis le port, autrefois spécialisé dans la pêche à la sardine, ce circuit retrace les grandes heures des peintres venus à l'Estaque : Cézanne vécut sur la **place Malleterre,** où se trouve l'église, Braque travailla beaucoup sur le **viaduc des Riaux,** Albert Marquet séjourna à l'**Hôtel de la Falaise.** Grâce à ce parcours fléché, vous ferez le tour complet de l'Estaque avec les yeux de ses peintres les plus illustres.

Circuit balisé.

3 Le vallon des Riaux✦

En suivant la petite rivière Riau depuis le jardin Braque (square peint d'oiseaux bleus inspirés de Braque) situé au bout du village, on se retrouve sur les collines du vallon des Riaux. Cézanne y a peint ce qu'il pensait être (on en est moins sûr aujourd'hui) la maison natale de Pierre Puget. Dans ces collines, on élève encore 300 chèvres du Rove dont le lait sert à la fabrication du fromage de brousse.

Départ : montée Antoine-Castejon.

4 La chapelle de la Nerthe✦

Au-dessus du village, une jolie route boisée parsemée de pierres blanches grimpe sur plusieurs kilomètres : c'est le **chemin de la Nerthe.** Il offre de beaux points de vue sur le littoral et la rade de Marseille, et il mène à la « Galline »

Les kiosques à panisses et à chichis Frégi

On ne peut pas quitter l'Estaque sans avoir goûté ses panisses ! Ces palets à la farine de pois chiche frits à l'huile d'olive sont servis à l'apéritif, mais on les grignote dès que le ventre crie famine. En version sucrée, ce sont les chichis Frégi, beignets en forme de boudins, fabriqués avec de la farine de blé et des œufs, puis roulés dans le sucre. Trois kiosques situés le long du front de mer se partagent ces spécialités : Magali, Chez Freddy et Lou Goustado de l'Estaco.

65 plan p. 164 • *Promenade de la Plage-de-l'Estaque • Jours et horaires variables ; consulter les pages Facebook Chichis Fregis Chez Magali et Lou Goustado de L'estaco • 2 € env. les six panisses; 2,50 € le chichi sucré.*

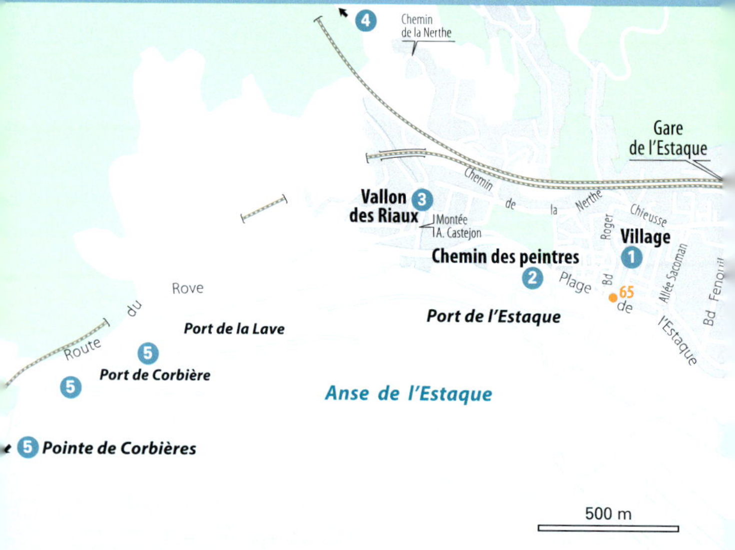

Maison de l'Estaque

(« poule » en provençal). C'est le surnom de la chapelle du XIe s. dont le symbole est une statue de la Vierge à l'Enfant tenant curieusement une poule sur les genoux. À l'intérieur, quelques ex-voto remontent au XVIIe s. Un pèlerinage y a lieu le 1er dimanche de septembre.

Chemin de la Nerthe.

5 Les plages de Corbières**

L'ancienne plage de l'Estaque s'est transformée en port de plaisance. Pour se baigner aujourd'hui, trois plages ont été aménagées sur la route du Rove (N568). Sous la pinède, où chantent les cigales, sable et galets alternent dans un large espace où jouent tranquillement les enfants. À proximité, séparée par de courtes digues, la **base nautique de Corbières** accueille les amateurs de voile (250, Plage-de-l'Estaque ☎ 04 91 46 19 37).

Accès par la Plage-de-l'Estaque; terminus de la ligne du bus n° 35.

Infos Covid-19 ⚠

Compte tenu du contexte sanitaire, de nombreux sites et adresses sont amenés à restreindre leurs horaires d'ouverture et à s'adapter à la situation. Nous vous recommandons de vérifier les horaires et conditions de visite de chaque lieu et adresse sur leur site Internet ou leur page Facebook.

Plage de Corbières

LES PEINTRES DE L'ESTAQUE

Impressionnistes, fauvistes, cubistes : peu de lieux en France peuvent se flatter d'avoir attiré pendant près de 50 ans la fine fleur de la peinture moderne ! Entre 1870 et 1920, Cézanne, Monticelli, Derain, Dufy, Marquet, Friesz, Macke, Renoir, Guigou et Braque séjournent dans ce petit port de pêche pittoresque. Ce qu'ils y trouvent ? Une intensité lumineuse incroyable, des viaducs, des pinèdes et des collines à l'origine de véritables chefs-d'œuvre de la peinture moderne.

Cézanne, le précurseur

L'engouement des peintres pour l'Estaque commence avec Paul Cézanne (1839-1906). En 1870, la guerre éclate et le peintre vient se cacher dans une maison que loue sa mère sur la place de l'église. Pendant son séjour, il peint notamment *Neige fondue à l'Estaque*. Cézanne **revient plusieurs fois à l'Estaque** et y passe même l'année 1878. Pendant ses escapades, il grimpe d'une colline à l'autre à la recherche de larges points de vue sur la baie. En compagnie de **Renoir,** il travaille également sur le **vallon des Riaux** (p. 163) et peint *Maisons en Provence* (peut-être la maison natale de Pierre Puget) avec une perspective qui est toujours la même aujourd'hui. Le développement de l'Estaque, marqué par la construction d'usines, fera fuir le peintre en 1886. Son œuvre « estaquienne », composée de 27 tableaux répartis aux quatre coins du monde (sauf à Marseille...), témoigne de son évolution : quittant peu à peu l'impressionnisme, il crée une peinture plus personnelle et flamboyante qui influencera la quasi-totalité des artistes modernes.

Le Golfe de Marseille vu de l'Estaque,
Paul Cézanne, 1886

Derain, le cœur fauve

Très admiratif de l'œuvre de Cézanne, André Derain (1880-1954) suit logiquement les traces de son prédécesseur et découvre l'Estaque en 1905. Depuis un an déjà, le fauvisme l'attire, et c'est avec le chef de file de cette nouvelle école, Henri Matisse (1869-1954), qu'il part à Collioure, Cassis et Marseille. À l'Estaque, il est séduit par le **port** et le **vallon des Riaux.** Son tableau *L'Estaque* (1906), peint dans une explosion de tons rouges, est une belle référence à Gauguin, que le peintre vient de découvrir à Collioure : son fauvisme prend forme.

Dufy, coloriste de la nature

Si Raoul Dufy (1877-1953) effectue plusieurs séjours à Marseille, celui de l'été 1908, qu'il partage avec Georges Braque, sera le plus prolifique. Depuis le **vallon des Riaux** où il réside, le peintre réalise une quinzaine de toiles. Son sujet de prédilection, ce sont les **arbres** : *Arbres verts à l'Estaque, Pins à l'Estaque, Paysage de l'Estaque*... traités comme des éléments d'architecture, et dans une palette très forte de verts et d'ocres qui s'inspire encore largement du fauvisme. Il peint également les tuileries et quelques **scènes de vie à l'Estaque** (*Le Café à l'Estaque, L'Apéritif* en 1908). Plusieurs tableaux de Dufy font aujourd'hui partie des collections des musées de Marseille.

Braque, l'épopée cubiste

Georges Braque (1882-1963) a peint une trentaine de tableaux à l'Estaque. Il est tout jeune quand il vient la première fois en 1906, encore emprunt du fauvisme et plein d'admiration pour Cézanne, comme en témoigne son *Port de l'Estaque*. Plus modéré dans sa palette de couleurs, son *Viaduc à l'Estaque* (1910), un an plus tard, marque déjà sa rupture avec le mouvement fauve. Mais c'est après sa rencontre avec Picasso (1881-1973) que Braque fait sa révolution picturale. En 1908, il signe des *Maisons à l'Estaque* qui ont déjà la force de la géométrie cubiste. Ses derniers tableaux réalisés en 1910 autour de l'usine de Rio Tinto et du **viaduc** creuseront plus profondément encore le sillon cubiste. Après Braque, les peintres désertent Marseille, et l'histoire picturale de l'Estaque se termine avec la venue d'**Albert Marquet** (1875-1947), artiste réaliste qui fut le dernier, entre 1918 et 1919, à planter son chevalet sur la terrasse de l'hôtel de la Falaise (aujourd'hui connu sous le nom de château Fallet). ■

Monticelli, le Marseillais de l'Estaque

« Je dois tout à Monticelli qui m'a appris le chromatisme des couleurs. » Ce bel hommage de Van Gogh (1853-1890) à Monticelli montre toute l'importance du peintre marseillais qui ouvrit la voie de la peinture moderne du XXe s. mais ne fut jamais vraiment reconnu. Monticelli (1824-1886) travailla beaucoup sur la société marseillaise et les fêtes galantes. À l'Estaque, où il rendit plusieurs fois visite à son ami Cézanne, il peignit le port et les paysages en gros aplats de brun, orangé, jaune, ocre et noir.

LE PAYS DE PAGNOL

14

Mieux vaut disposer d'une voiture pour affronter les hauteurs de Marseille, car la découverte en bus prend beaucoup de temps... Mais le jeu en vaut la chandelle ! Sur les traces et les terres de Marcel Pagnol, vous allez plonger dans une Marseille aux traditions villageoises et provençales encore vivaces. En ligne de mire : le massif mythique du Garlaban.

Aubagne

1 Le Musée provençal⁺⁺

À **Château-Gombert**, village provençal célèbre pour son festival du folklore (p. 186), on a le goût des traditions populaires. Un grand musée leur est consacré : mobilier, costumes, vaisselle, crèches et santons du XVIIIe et du XIXe s., et reconstitutions – la table dressée des treize desserts, la chambre bourgeoise et la salle agraire sont très réussies – forment une ode vivante à la Provence.

5, pl. des Héros, 13e arr., Château-Gombert • Bus n° 5 depuis le M° La Rose (arrêt Palama Château Gombert) • ☎ 04 91 68 14 38 • www.museeprovencal.fr • Visite uniquement sur r.-v. • Entrée : 8 €. • F. pour travaux ; réouv. prévue au second semestre 2022.

2 Allauch⁺⁺

De Château-Gombert à La Treille, ne manquez pas Allauch, une petite ville accrochée à flanc de colline qui possède un beau **musée d'art sacré** (pl. Pierre-Bellot ☎ 04 91 10 49 00, mar. -dim. 9h-12h et 14h-18h, accès

Vestiges des anciens remparts d'Allauch

libre). Sur l'esplanade Frédéric-Mistral, le vent peut souffler très fort. En témoignent les ruines de plusieurs moulins à vent en service jusqu'à la fin du XVIIIe s. Il est agréable de flâner dans le vieux village dominé par la poterne et les vestiges des remparts de l'ancien **castrum** du XIIe s. Grimpez jusqu'à la chapelle au-dessus pour profiter de la vue sur Marseille.

De Château-Gombert : D44 • M° La Rose (arrêt Allauch), puis bus n° 144.

3 La Treille✦

Dans les pas de Marcel Pagnol, enterré ici, partez à l'assaut de ce village sur les contreforts du

Noël à Allauch

Tout commence fin novembre avec la crèche de Gilbert Orsini et ses 800 santons exposés à la galerie du Vieux-Bassin. Ça se poursuit tout le mois de décembre avec une fête de l'âne, un marché de Noël et des veillées calendales ponctuées de contes et de chants qui renouent avec le fameux « gros souper » et ses treize desserts. L'apothéose ? C'est la descente des bergers : le soir du 24, une centaine de figurants en costume entourés de moutons redonne vie à la pastorale au son des tambourins, des clochettes et des bêlements des bêtes. Unique et magique !

Château de la Buzine

massif du Garlaban. La place du village et sa fontaine vous rappellent quelque chose ? Elles servirent de décor au *Manon des sources* de Pagnol. Au-dessus du village, au bout du chemin des Bellons, reconnaîtrez-vous la Bastide Neuve, maison de vacances du petit Marcel ? Si elle n'est plus vraiment sur le territoire de La Treille mais sur celui d'Allauch, elle continue pourtant d'y être associée !

De Marseille : A50, sortie 4b, puis D4 direction La Treille • M° La Timone (arrêt La Treille), puis bus n° 12 • Parking à l'entrée du village.

4 Le château de La Buzine✦✦✦

Bienvenue au *Château de ma mère* ! En 1941, quand Pagnol achète cette bâtisse du XIXe s., il rêve de la transformer en cité du cinéma (p. 80). C'est aujourd'hui chose faite. Installé au cœur de l'agréable parc des 7 collines, le château de La Buzine abrite désormais la **Maison des cinématographies de la Méditerranée.** Entre histoire et culture, passé et présent, elle propose expositions permanentes et temporaires, salle de cinéma, bibliothèque et vidéothèque. Les enfants adorent ! Possibilité de se restaurer sur place.

Depuis le M° Castellane, bus n°50 (arrêt La Valentine Centre Commercial), puis bus n°51 (arrêt Château de la Buzine). Pas de bus n°51 dim. et j.fériés • ☎ 04 91 45 27 60 • www.labuzine.com • Mar.-dim. 10h-13h et 14h-18h (t.l.j. l'été), f. janv. • Entrée : 7,70 € (billet complet), 5 € (billet demi-visite), jardin en accès libre.

5 Aubagne✦✦

C'est la ville de naissance de Marcel Pagnol. Accessible en 14 min de train depuis la gare Saint-Charles, Aubagne recèle bien d'autres trésors qui méritent le crochet : une vieille ville cernée par des remparts du XVIe s., des rues étroites, des places ombragées, un clocher triangulaire, un vieux four à pain du XVIIIe s., une chapelle restaurée et reconvertie en salle d'exposition, sans oublier la Cité de l'art santonnier de Thérèse Neveu (p. 95).

Accessible en TER et ligne 100 Le Car (départ place Castellane) • Office de tourisme : 8, cours Barthélemy, 13400 Aubagne • ☎ 04 42 03 49 98 • www.tourisme-paysdaubagne.fr

Pause tradition : Le Moulin Bleu

On vient de loin pour le suce-miel, ce bâtonnet de miel qu'on frotte entre ses mains pour le réchauffer et qui fait la réputation d'Allauch depuis des siècles. C'est l'une des spécialités du Moulin Bleu, une confiserie tenue par la famille Emery depuis cinq générations. Un salon de thé permet de goûter avant de faire ses achats. Au programme : calissons maison, bonbons au miel, croquants, navettes, chiques, nougats noir et blanc et chocolats (6 € env. les chiques ou les suce-miels). L'été, vous pourrez aussi y déguster des glaces artisanales.

66 plan p. 170 • *7, cours du 11-Novembre, Allauch • ☎ 04 91 68 19 06 • www.au-moulin-bleu.com • Lun. 14h30-19h30, mar.-dim. 8h30-12h30 et 14h30-19h30.*

ORGANISER SON WEEK-END

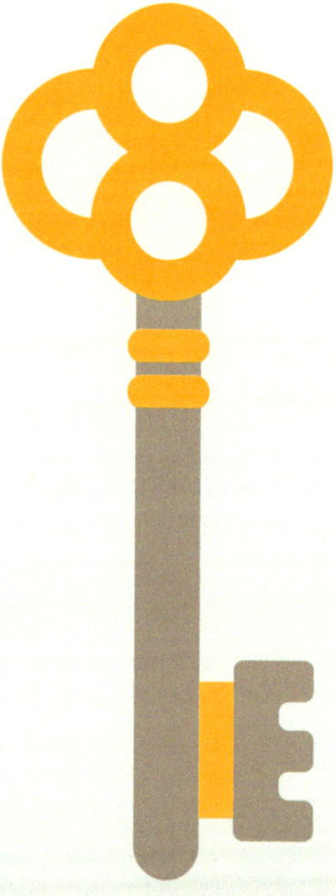

Villa la Petite Ourse, Malmousque

L'ESSENTIEL

Quand partir ?

- Marseille connaît plus de 300 jours de soleil par an, et chaque saison a son charme.
- L'hiver, vous aurez de superbes ciels bleus, il fera 12 °C environ.
- On se baigne de juin à octobre.
- L'automne et le printemps promettent de douces journées tout en évitant la foule estivale.
- Le **mistral** peut souffler en toute saison, et vraiment fort. Prévoyez toujours un coupe-vent ou un pull, même en été.

Comment y aller ?

- **L'aéroport de Marseille-Provence** est desservi de manière régulière depuis Paris-Orly et Paris-CDG, Ajaccio, Bastia, Calvi, Figari et Bordeaux, mais aussi Biarritz, Brest, Caen, Lille, Lyon, Metz-Nancy, Nantes, Rennes et Strasbourg.
- **Le train** est la solution idéale pour les voyageurs en provenance de Paris. Marseille est à 3h-3h30 de la capitale, 4-5h de Genève et 5h30 de Bruxelles. La **gare Saint-Charles** est également reliée par TGV à Nice, Strasbourg, Francfort...
- Paris est à près de 800 km de **voiture** de Marseille, et Lille à plus de 1 000 km ! Depuis le Sud, le trajet en voiture est tout à fait envisageable : Toulouse est à 400 km, Lyon à 300 km, Nice à 200 km et Montpellier à 170 km. **3 autoroutes** permettent de rallier en moins de 1h la Camargue et le cœur de la Provence, et la Côte d'Azur en moins de 2h.

Budget

- La vie à Marseille est moins chère qu'à Paris. En plus de l'hôtel et du voyage, prévoyez un budget de **60 € minimum par personne et par jour pour profiter de la ville, de ses musées, de ses restaurants et de sa vie nocturne.**
- Les cartes **Pass XL** (p. 178) et **Marseille Pass** (p. 181) permettent d'utiliser les transports publics à volonté durant 1, 2, 3 ou 7 jours, sachant que les quartiers 1 à 8 de ce guide peuvent se visiter à pied.

Dans quel quartier loger ?

- Pour les séjours citadins et culturels, cherchez un

logement du côté du **Panier**, de la **place Castellane**, de **la Plaine** et du **cours Julien.**

- Pour profiter de Marseille côté plages, visez des hôtels situés sur la **Corniche** ou perchés sur les **collines d'Endoume, du Roucas-Blanc et de Bompard.**

Hébergement

- On trouve une large gamme d'hébergements : des **petits hôtels** aux **palaces.** À moins d'opter pour le camping ou l'auberge de jeunesse, rares sont les hébergements à moins de 50 € la nuit.
- Comptez **de 70 à 100 € pour une chambre double en centre-ville** dans un hôtel confortable. Outre les portails de réservation en ligne, vous pourrez consulter les offres de l'**office du tourisme de Marseille (p. 180),** ou utiliser les services de **Provence Tourisme** (☎ 04 91 13 84 13 ; www.myprovence.com) pour un hébergement à Marseille ou dans la région.

Se renseigner

www.marseille-tourisme.com : le site de l'office du tourisme de Marseille.

Adresses et numéros utiles

- **Police** : ☎ 17.
- **Pompiers** : ☎ 18.
- **Samu** : ☎ 15.
- **Appels d'urgence** : ☎ 112
- **SOS médecins** : 21-23, rue du Cne-Dessemond, 7e arr. (Plan A5) ; bus nos 54, 81, et 82 (arrêt Lycée Colbert) ; ☎ 04 91 52 91 52 ou 3624 (numéro national, 0,15 €/min).
- **Hôpital de la Timone** : 264, rue Saint-Pierre, 5e arr. (Plan F4) ; Mo La Timone ; ☎ 04 91 38 00 00.
- **Urgences dentaires** : à l'hôpital de la Timone, uniquement en semaine jusqu'à 17h. Week-end : téléphoner au ☎ 08 92 566 766 (0,40 €/min + prix de l'appel).
- **Objets trouvés** : 41, bd de Briançon, 3e arr. (HP par C1) ; Mo Bougainville ; ☎ 04 91 50 26 60 ; www.cpasperdu.com ou troov.com/marseille

Combien ça coûte ?

Un ticket de métro, tram ou bus : 1,70-2 €.

Un pastis : 2,50 € env.

Une bonne bouillabaisse : 40-50 €.

Une entrée au Mucem : 11 €.

Une visite guidée de la ville : 10 € env.

Arriver à Marseille

Le plan des transports se trouve au verso du plan détachable.

L'aéroport de Marseille-Provence est situé à Marignane, à 25 km au nord-ouest de Marseille.

Rejoindre le centre-ville en…	Prix	Durée
En navette La **ligne La Navette** assure la liaison directe entre l'aéroport et la gare Saint-Charles. **Vente des tickets** à l'aéroport (terminal 1, face au départ de la navette, de 6h05 à 22h10) et à la gare Saint-Charles. Vous pouvez acheter en ligne et imprimer sur le site Internet de l'aéroport. Pas d'achat auprès du conducteur. ☎04 91 50 59 34 ; www.rtm.fr	10 € l'aller simple, 16 € A/R.	30 min env. Départ toutes les 15 min de 4h10 à 1h30 (de l'aéroport) et de 3h30 à 0h50 (de la gare Saint-Charles). La nuit, départs au gré des vols.
En navette + train De l'aéroport (gare routière), la la **ligne LeBus+13** rejoint la gare Vitrolles-Aéroport-de-Marseille. De là, un **Train express régional (TER)** relie la gare Saint-Charles. www.marseille.aeroport.fr et www.ter.sncf.com	1,20 € + 5,20 €.	5 min + 15-20 min.
En taxi L'aéroport dispose de sa **compagnie de taxi,** les seuls habilités à opérer à partir de l'aéroport 24h/24. ☎04 42 14 24 44 ; www.taxis-aeroport.com	50 € le jour, 60 € la nuit.	30 min environ.

Se déplacer

En métro et tramway

Les transports en commun ne sont pas le point fort de la ville, seulement desservie par **deux lignes de métro** (**M1** : La Rose – La Fourragère ; **M2** : Capitaine

Gèze – Sainte-Marguerite-Dromel) et **trois lignes de tramway** (**T1** : Les Caillols – Noailles ; **T2** : La Blancarde – Arenc-Le Silo ; **T3** : Arenc-Le Silo – Castellane). Métro et tramway fonctionnent 7j/7 de 5h à 0h30. Les stations de métro ne disposent pas toutes d'escalators ou d'ascenseurs.

En bus

Le bus est la meilleure solution pour se déplacer à Marseille : le réseau dessert les quartiers les plus excentrés de la ville, y compris les calanques. Et si vous avez la chance de trouver une place assise côté fenêtre, vous profiterez de magnifiques paysages sur la Méditerranée ou sur les collines de Provence. Pendant la saison estivale et les vacances scolaires, certaines lignes voient leur service très réduit : les bus conduisant aux plages sont donc vite saturés. Attention aussi le soir : certaines lignes s'interrompent dès 20h.

◗ **Pour accéder aux plages du littoral marseillais,** empruntez les **lignes 81** (plage des Catalans, p. 128), **83** (plage du Prophète, p. 131), **19 et 47** (plage de la Pointe-Rouge, p. 141), **20** (plages des Goudes, p. 151) et **35** (plages de l'Estaque, p. 164).

◗ **D'autres lignes utiles : 60** (du Vieux-Port à N.-D.-de-la-Garde en 20 min) ; **83** (du Vieux-Port au métro Rond-Point-du-Prado via la Corniche et en passant par le parc Borély) ; **82** (d'Euromed-Arenc au nord au Pharo au sud, en passant par le Vieux-Port).

◗ **Pratique** : pour préparer vos déplacements et calculer vos itinéraires, consultez l'**appli mobile RTM**, **www.rtm.fr** et **www.lepilote.com,** qui recense toutes les options possibles de trajets dans les Bouches-du-Rhône, l'outil parfait pour sillonner la région jusqu'à Cassis, Aubagne, Allauch et même la Côte Bleue !

Régie des Transports de Marseille : *☎ 04 91 91 92 10 • www.rtm.fr*

En voiture

Si vous avez envie d'explorer Marseille au-delà du centre-ville, la voiture peut vite devenir indispensable. Vous trouverez de nombreux **loueurs de voitures à proximité de la gare Saint-Charles.** En revanche, pour circuler en centre-ville, laissez votre véhicule au parking car Marseille cumule tous les handicaps : rues étroites et pentues, stationnement difficile, embouteillages fréquents...

Location de voitures

Hertz : *31, bd Voltaire, 1er arr. (Plan D2-3) • ☎ 04 91 05 51 20 • www.hertz.fr*

Rent a car : *10, pl. des Marseillaises, 1er arr. (Plan D2-3) • ☎ 04 91 50 12 00 • www.rentacar.fr*

Sixt : *48, bd Rabatau, 8e arr. (HP par D5) • ☎ 04 91 25 68 51 • www.sixt.fr*

ADA : *92, bd Sakakini, 5e arr. (Plan F4) • ☎ 04 91 77 42 36 • www.ada.fr*

Olympic Location : *30, rue des Orgues, 4e arr. (Plan F3) • ☎ 04 91 34 05 25 • www.olympiclocation.com*

Titres de transport	
Billet solo	Titre occasionnel : 1,70 € pour le métro, 2 € pour le bus. Utilisable sur le réseau RTM (sauf navettes maritimes) pendant 1h.
Carte 10 voyages	**Titre multi-usagers** à 15,10 € permettant d'effectuer 10 voyages en correspondance sur l'ensemble du réseau.
Pass XL	Permet un nombre illimité de voyages sur le réseau RTM (bus, métro, tramway, navettes maritimes) et le réseau Transmétropole : **ticket 24h** (5,20 €), **72h** (10,80 €) ou **7 jours** (15,50 €). En vente aux distributeurs du métro et du tramway, chez les vendeurs agréés RTM (librairie-presse, bureaux de tabac, etc.) et dans les points de vente RTM (situés dans les stations de métro).
Marseille Pass	Permet de coupler déplacements illimités et entrées dans musées (voir p. 181).

En deux-roues

Adopté depuis longtemps par ses habitants, c'est le moyen de locomotion le plus rapide et le moins encombrant puisqu'il permet de se faufiler facilement dans une circulation toujours très dense.

Location de scooters à la journée ou à la demi-journée :

Vita Loca : *44, rue de la Loge, 2e arr. (Plan H7) • 07 68 62 36 83 • https://vitaloca.fr*

Low Cost Rent : *132, cours Lieutaud, 6e arr. (Plan D5) • 04 91 48 95 87 • www.lowcostrent-marseille.com*

À vélo et en trottinette

Marseille dispose d'un système de **vélos en libre-service,** simplement baptisé **Le Vélo.** Plus d'un millier de vélos répartis dans 130 stations à travers la ville avec une station tous les 300 m environ. Le fonctionnement est simple : procurez-vous une carte d'accès de 1 à 7 jours (1 €) au distributeur d'une station (caution de 150 € bloquée le temps de l'abonnement) ; elle vous permet ensuite de louer un vélo dans la station de votre choix. La première demi-heure est gratuite, puis 1 €/h.

Le Vélo : *www.levelo-mpm.fr*

▶ Des offres de location de **trottinettes électriques en libre-service** existent à Marseille. Vous les repérerez dans le centre-ville.

Locations de vélos et de trottinettes électriques

Easymove : *25, quai de Rive-Neuve, 1er arr. (Plan H8) • 04 84 26 22 91 • www.easymove.fr • Trottinette : à partir de 10 €/1h, vélo : 25 €/4h.*

En bateau

- **Ferry-boat** : pour la traversée du Vieux-Port, voir p. 100.
- **La Navette** : d'avril à septembre, la RTM met en circulation deux **navettes maritimes** reliant le Vieux-Port à la Pointe-Rouge (p. 141) et le Vieux-Port à l'Estaque (p. 162) en 40 min. Départs toutes les heures (mai-juin et sept.-oct. : 7h-19h ; juil.-août : 7h30-22h30 ; liaison Estaque : également hors saison lun.-ven. matin et soir) dans le bassin du Vieux-Port, au pied de l'Ombrière (traversée : 5 €, prévoir l'appoint). Il existe aussi une navette qui relie le port de la Pointe-Rouge à celui des Goudes (p. 151) en moins de 20 min (8 €, infos sur www.rtm.fr).
- **Le Bateau** : pour rejoindre le **Frioul et le château d'If** (p. 158), des bateaux circulent 7 j./7 (sf 25 déc.) au départ du Vieux-Port. Achat des billets sur place au guichet de la gare maritime (près de l'Ombrière) et en ligne sur www.lebateau-frioul-if.com (5,70 € le trajet ou 11,10 € l'A/R).
- **ATTENTION** : la circulation des bateaux est soumise aux **conditions météorologiques,** et notamment au mistral.

Les calanques

Voir encadrés p. 150 et p. 153.

En bateau

Les calanques de Marseille s'étendent sur plus de 20 km de côte entre le village des Goudes, au sud-ouest de Marseille, et Cassis. La compagnie **Icard Maritime** propose deux circuits découverte (2h ou 3h) à partir du Vieux-Port et dessert Les Goudes, Callelongue, Marseilleveyre, Sormiou, Morgiou, Sugiton, En-Vau, Port-Pin et Port-Miou (commune de Cassis).

Icard Maritime : *billetterie et départ à l'angle quai du Port et quai des Belges, face à la brasserie La Samaritaine (Plan I7) • ☎ 04 91 33 36 79 • www.visite-des-calanques.com • Petit circuit (2h30) : 24 € (22 € enfant); grand circuit (3h15) : 30 € (27 € enfant).*

En kayak de mer

Il est possible de découvrir les calanques de manière sportive en louant un kayak de mer. Pour plus de tranquillité et voir un maximum de choses, laissez-vous guider par des sorties organisées à la demi-journée ou à la journée.

Raskas Kayak : *imp. du Docteur-Bonfils, 8e arr. (HP par A5) • ☎ 04 91 73 27 16 • www.raskas-kayak.fr • À partir de 45 € par personne la demi-journée; 80 € la journée découverte.*

Infos Covid-19 ⚠

Compte tenu du contexte sanitaire, de nombreux sites et adresses sont amenés à restreindre leurs horaires d'ouverture et à s'adapter à la situation. Nous vous recommandons de vérifier les horaires et conditions de visite de chaque lieu et adresse sur leur site Internet ou leur page Facebook.

À pied

Les calanques se découvrent aussi à pied, le long de chemins côtiers qui offrent des points de vue magnifiques.

- Pour rejoindre **Les Goudes, Callelongue** et **Marseilleveyre,** empruntez le bus n° 19 place Castellane, jusqu'à la Madrague-de-Montredon, puis le bus n° 20 jusqu'aux Goudes ou Callelongue. Pour atteindre la calanque de Marseilleveyre depuis Callelongue, suivez le sentier des Douaniers au bout du boulevard Alexandre-Delabre.
- Pour **Sormiou,** prenez le bus n° 23 au départ du Rond-Point-du-Prado, arrêt La Cayolle, puis suivez le chemin de Sormiou jusqu'à la mer (3,5 km).
- Pour **Morgiou,** empruntez le bus n° 22 au départ du Rond-Point-du-Prado jusqu'au terminus Les Baumettes, puis continuez sur le chemin de Morgiou jusqu'au port (4 km).
- On rejoint **Sugiton** par le bus n° 21 au départ de la place Castellane, arrêt Luminy, puis par le sentier au bout de l'avenue de Luminy (4 km).
- On accède aux calanques d'**En-Vau, Port-Pin et Port-Miou** depuis Cassis. Une navette gratuite mène jusqu'au départ des sentiers des calanques, au fond de la calanque de Port-Miou : Port-Pin est alors à 2,5 km et En-Vau à 3,5 km.

À voir, à faire

Office de tourisme

Vous y trouverez toutes les informations sur les transports en commun, les musées, les restaurants, les hôtels et les manifestations culturelles. Vous pourrez aussi y réserver votre hôtel, un spectacle ou une visite guidée et acheter le Marseille Pass (voir encadré ci-contre).

Office du tourisme et des congrès : *11, la Canebière, 1er arr. (Plan C3) • M° Vieux-Port • 0826 50 05 00 • www.marseille-tourisme.com • Lun.-sam. 9h-19h, dim. et j.fériés 10h-17h; f. 1er janv. et 25 déc.*

Pass

Le **Pass Musées** de Marseille est idéal si vous venez plusieurs fois dans l'année ou si vous voulez faire un marathon de musées. Pendant un an, il donne un accès libre et illimité aux collections et aux expositions temporaires des musées municipaux. Il est en vente dans les musées concernés (45 €) : musée d'Histoire de Marseille (p. 22), musée des Docks romains (p. 35), Vieille-Charité (musée d'Archéologie méditerranéenne et musée des Arts africains, océaniens et amérindiens, p. 39), musée Cantini (p. 97), musée des Beaux-Arts (p. 73), Muséum d'histoire naturelle (p. 73), musée des Arts décoratifs, de la Faïence et de la Mode (p. 140), musée d'Art contemporain (p. 142), musée Regards de Provence et le Mucem.

Visites guidées

À pied

L'office de tourisme organise chaque mois des visites guidées thématiques de Marseille et de ses quartiers. Animées par des guides-conférenciers, ces balades (env. 2h) offrent une bonne introduction à l'art et à l'histoire de la cité phocéenne. Les visites du **Vieux-Port** (p. 20) et du **Panier** (p. 34) sont parmi les plus populaires, celles de la **Cité radieuse** (p. 142) de Le Corbusier très demandées. Le programme des visites reflète le nouveau visage de Marseille après les transformations de Marseille-Provence 2013 : elles vous feront découvrir le **pôle culturel du J4** avec le **Mucem,** la **Villa Méditerranée** et le **musée Regards de Provence** (p. 53-56), mais aussi d'autres quartiers. Pour suivre ces visites (à partir de 10 €, gratuite pour les moins de 12 ans), la réservation auprès de l'office de tourisme est obligatoire :

☎ 0826 50 05 00
• www.marseille-tourisme.com

Dans un registre plus confidentiel, essayez l'association **Marseille Autrement,** créée par Marianne Ruelle. En s'appuyant sur un réseau d'habitants, elle propose chaque jour des activités : balades contées, sorties nature, expositions, rencontres avec des acteurs locaux, conférences et visites privées de boutiques, etc. Si vous ne faites pas plus de trois activités, l'adhésion annuelle n'est pas obligatoire (de 0 à 14 € selon les activités).

Marseille Autrement : *2, rue Fauchier, 2e arr. (Plan C2) • M° Jules-Guesde • ☎ 06 81 11 29 29 • www.marseille-autrement.fr*

Voir aussi notre activité de visite guidée « Marseille Gangster Tour » p. 9.

Le bus à impériale

Ce bus touristique à impériale appelé **Colorbüs** propose un tour de Marseille **à la découverte de ses principaux sites** : fort Saint-Nicolas, vallon des Auffes,

Marseille Pass

Le Marseille Pass est un forfait touristique et culturel valable 24 h (27 €), 48h (37 €) ou 72h (43 €). Il donne accès au réseau des **transports en commun** de la RTM (métro, tramway, bus, sauf navettes maritimes) et à tous les **musées municipaux** (voir Pass-Musées ci-contre) ainsi qu'au Mucem (p. 53). Il comprend aussi une visite commentée (à choisir), une visite du château d'If, une balade en petit train touristique et en bateau vers les îles du Frioul. Il permet également de bénéficier d'un tarif réduit pour les grandes expositions et de réductions dans les boutiques (L'Occitane, Durance, Comptoir du Panier…). Le Marseille Pass est en vente à l'office de tourisme (voir ci-contre), à la gare Saint-Charles et au guichet de la Navette Marseille à l'aéroport Marseille-Provence.

Un séjour 100 % local

Rendez-vous Chez nous

L'idée de cette start-up marseillaise est de mettre en relation des hôtes locaux (professionnels ou non, mais toujours passionnés) avec des visiteurs : safari-photo en ville, balade dans les calanques, navigation authentique dans la rade de Marseille, initiation à la dégustation de vins… Des expériences uniques à taille humaine et pas si chères (69 € par groupe de 6 pers. pour 2h d'escape game insolite à la découverte de Marseille).

04 91 05 50 57 • www.rendezvouscheznous.com

Marseille Provence Greeters

Envie de visiter Marseille sous le signe de la convivialité et de l'échange? Faites appel à un greeter, un Marseillais qui se promène avec vous bénévolement dans la ville pour vous faire découvrir ses adresses secrètes, ses lieux favoris, ses petites anecdotes. Marseille au grand air, Marseille en escaliers, Marseille du ballon rond ou Marseille épicée… À vous de choisir votre balade! Inscription via un formulaire sur le site de l'association :

www.marseilleprovencegreeters.com

Corniche, Notre-Dame-de-la-Garde, fort Saint-Jean, Mucem et cathédrale de la Major… Vous pourrez faire le parcours en une seule fois, mais aussi descendre à l'arrêt de votre choix pour visiter tranquillement et reprendre le bus plus tard. Chaque passager est muni d'écouteurs et sélectionne le commentaire dans la langue de son choix.

Colorbüs : ***86, quai du port, 2e arr. (Plan H7) • 04 91 52 89 39 • www.colorbus.fr • T.l.j. 10h-17h (hiver : 16h) • Tarif : 17 €.***

Le petit train

Le petit train de Marseille effectue deux circuits commentés. Le **circuit 1** mène à Notre-Dame-de-la-Garde en passant par la Corniche (toute l'année), tandis que le **circuit 2** vous fera découvrir le vieux Marseille à travers le Panier (avr.-nov.). En juillet et août, un troisième petit train circule sur l'île Ratonneau (p. 160) en direction de l'hôpital Caroline (tarif : 4 €).

Départ : 176, quai du Port, 1er arr. (Plan G7) • M° Vieux-Port • 04 91 25 24 69 • www.petit-train-marseille.com • Avr.-mi-oct. : t.l.j. 10h-12h et 13h40-18h20; mi-oct.-nov. : 10h-12h20 et 13h40-17h20; déc.-mars : t.l.j. 10h-12h et 14h-16h • Tarif : 8 € le circuit 1; 8 € le circuit 2.

En pointu

La petite embarcation marseillaise traditionnelle (p. 31) est de sortie! Toujours utilisée par les pêcheurs, elle est également à disposition des visiteurs qui veulent découvrir Marseille depuis la mer, son Vieux-Port et la rade, et s'approcher du château d'If. On embarque à 6 personnes maximum avec un skipper pour 1h30 de visite historique. D'autres sorties sont proposées, comme la pêche en mer.

Localanque : *22, rue de la Loge, 2e arr. (Plan H7) • M° Vieux-Port • ☎04 84 88 51 21 ou 06 10 11 43 58 • www.localanque.com • Tarif : 250 € par groupe de 6 pers.*

En tuk-tuk

Ce **tricycle motorisé** vous permettra de découvrir Marseille de façon originale. Plusieurs itinéraires sont proposés : la balade Le Panier (1h, 51 € pour 3 pers.) vous mènera du Vieux-Port au Panier en passant par le Mucem ; le circuit Bord de mer (3h, 135 € pour 3 pers.) passe par la Corniche, le vallon des Auffes et Notre-Dame-de-la-Garde.

Tuk Tuk Marseille : *à l'office de tourisme, 11, la Canebière, 1er arr. (Plan C3) • M° Vieux-Port • ☎06 25 35 47 21 • www.tuktukmarseille.com*

S'informer

Internet

Vous pouvez consulter **www.marseille-tourisme.fr, www.marseille.fr/culture, http://13.agendaculturel.fr, www.myprovence.fr** pour préparer votre séjour et programmer vos sorties.

Presse et radio

Marseille a sa radio alternative : **Radio Grenouille** (88.8 FM, www.radiogrenouille.com). Pour les sorties culturelles, procurez-vous le magazine ***Ventilo*** (gratuit, www.journalventilo.fr) disponible dans les théâtres, cinémas, bibliothèques, boutiques tendance, cafés-concerts, etc. Le journal ***La Marseillaise,*** quotidien régional créé pendant la Seconde Guerre mondiale pour soutenir la Résistance, est aussi une mine d'information (www.lamarseillaise.fr).

Le parler marseillais

Bien sûr, il y a l'accent. Mais les Marseillais adorent aussi cultiver le parler local mâtiné de provençal, d'italien et d'arabe. Petit florilège !

càcou : frimeur.

cané : épuisé.

emboucaner : déranger, embêter, polluer.

fada : fou, fanatique, passionné.

cagnard : soleil.

y'a dégun : il n'y a personne.

c'est cafi : c'est plein.

estranger : touriste, non Marseillais.

s'escagasser : s'énerver, se décarcasser.

pointu : barque marseillaise traditionnelle.

minot : enfant.

peuchère : le pauvre.

marronner : râler.

Où manger ?

Au menu

À Marseille, impossible d'échapper à la **bouillabaisse,** tous les restaurants du Vieux-Port en proposent. Ce plat d'origine populaire a gagné ses lettres de noblesse et se compose aujourd'hui d'au moins cinq poissons nobles (lotte, congre, saint-pierre, rouget grondin, rascasse, vive) ainsi que de langouste ou d'araignée. À Noailles (p. 82), place aux **couscous** et aux **pizzas,** dont la fameuse « moitié-moitié » (moitié anchois/moitié fromage). Dans les brasseries, vous pourrez goûter à des **pieds paquets** longuement mijotés et, très souvent, au célèbre **aïoli** le vendredi midi. Enfin, ne quittez pas l'Estaque sans avoir grignoté des **panisses** brûlantes (p. 163).

En pratique

S'il est possible de trouver quelques adresses pour vous servir à tout moment de la journée, mieux vaut penser à **respecter les heures de service** des restaurants (en général 12h-14h et 20h-22h). Encore plus important : la **réservation,** surtout le soir ! On ne vous cache pas non plus que le dimanche, voire le lundi, dans certains quartiers, trouver un restaurant ouvert peut s'avérer mission impossible.

Leçon de bouillabaisse

L'office du tourisme de Marseille (p. 180) propose de découvrir les secrets de la bouillabaisse en compagnie d'un chef du célèbre restaurant **Miramar.** Rendez-vous quai des Belges pour un résumé de l'histoire de la ville, suivi d'un tour au marché aux poissons. Tout le monde passe ensuite en cuisine pour réaliser le fond de soupe et la rouille. Le cours se termine autour d'une table pour déguster la bouillabaisse préparée sur place (entre 5 et 8 pers. ; 12, quai du Port, 1er arr., plan I7 ; ✆04 91 91 41 09 ; www.lemiramar.fr ; 3e jeu. du mois : 10h30-14h ; 120 €/pers.).

Où sortir ?

Autant être prévenu : Marseille est une ville qui se couche relativement tôt. Passé 23h, rares sont les endroits encore ouverts où l'on peut faire la fête toute la nuit. Mais, comme partout ailleurs, **chaque quartier a son ambiance.**

Du côté de la **Belle de Mai,** on croise pas mal de *hipsters*, et plutôt des bobos dans les bars de la rue Sainte ; les terrasses ensoleillées du **« Cours Ju »** ont la faveur des étudiants et des artistes, tandis que celles de l'**Escale Borély** sont saturées de touristes en été. Toutefois, un seul quartier réunit tout le monde : le **Vieux-Port,** où chacun, marseillais ou non, trouve son compte.

Selon la saison

Casaniers l'hiver, les Marseillais se réveillent avec le retour des beaux jours. Dès que le temps s'adoucit, les fêtes s'improvisent près des plages comme au **Petit Pavillon** (54, corniche Kennedy, 7e arr. – Plan A5 – www.lepetitpavillon.com), mais aussi sur l'eau ou dans des bus à impériale ! À noter que les trentenaires raffolent des soirées organisées par le collectif **Borderline,** connu pour ses apéros en bateau. Des événements à retrouver sur **www.labelborderline.fr**

Où faire du shopping ?

Privilégiez les boutiques indépendantes du **centre-ville** et du **Panier,** qui vous offriront davantage de surprises qu'ailleurs. Fouinez aussi dans les échoppes vintage et les magasins de créateurs du **cours Julien.** Toutefois, s'il vous manque du temps, vous trouverez tout ou presque au centre commercial des **Terrasses du Port** (p. 63).

Que rapporter ?

Qui dit Marseille dit **pastis** ! Si vous voulez faire plus original, misez sur les vins produits dans la région, que l'on trouve dans les quelques chais de Cassis ainsi que dans l'unique chai urbain de Marseille (p. 50). Autre grand classique marseillais : les **navettes.**
Côté **mode, Sessùn** (p. 105) notamment tire son épingle du jeu et fait maintenant rayonner l'aura de Marseille jusqu'à New York.
La ville cède aussi aux sirènes du **vintage** et de la **brocante** : fouinez, flânez, c'est l'occasion de rapporter un souvenir vraiment unique.
Enfin, pourquoi ne pas découvrir les **céramiques** et les **santons** des artisans du Panier ? À moins que vous ne préfériez glisser quelques **savons de Marseille** ou une **écharpe de l'OM** dans votre valise…

Horaires

À Marseille on respecte encore parfois la **pause du midi** ! Résultat, les boutiques peuvent être fermées entre 12h30 et 14h. Il n'y a que dans le centre-ville, près de l'Opéra, du Vieux-Port et de la préfecture, que les magasins ouvrent en continu et même le lundi. Concernant les créateurs, les brocanteurs et les lieux touristiques excentrés, **mieux vaut vérifier les horaires d'ouverture avant de se déplacer :** il n'est pas rare qu'ils improvisent des horaires d'hiver à la dernière minute. C'est ce qu'ils appellent avec le sourire « les horaires à la marseillaise » !

Fêtes & festivals

Février

Fête de la Chandeleur
Célébrée par une procession qui mène jusqu'à Saint-Victor, la Chandeleur clôt les fêtes calendales qui commencent le jour de la Sainte-Barbe, le 4 décembre.

Mars

Mars en baroque
Deux semaines d'événements en tout genre : des concerts baroques, mais aussi des films, des expos et des parcours gourmands un peu partout en ville.

www.marsenbaroque.com

Carnaval
Programmé fin mars ou début avril, il célèbre en fanfare et en musique le retour des beaux jours. Rendez-vous sur le Vieux-Port pour le défilé.

www.marseille.fr

Avril - Mai

Run in Marseille
Rendez-vous en avril pour le marathon de Marseille. Au programme également : un semi-marathon, un 10 km et un 6 km, tous en bord de mer.

www.timeto.com

Festival de théâtre amateur
Créé en 1999, ce festival populaire rassemble depuis 1999 tous les amateurs de France.

www.marseille.fr

Juin

Festival de Marseille
Depuis 20 ans, ce festival programme un mois de réjouissances artistiques : danse, théâtre, vidéo, musique...

www.festivaldemarseille.com

Marsatac
Fin juin, c'est le rendez-vous musical et festif qui fait vibrer Marseille pendant 3 jours : pop, rock, électro et hip-hop.

www.marsatac.com

Juillet

Ciné en plein air
De début juillet à mi-septembre, une trentaine de projections gratuites en plein air dans une dizaine de quartiers de Marseille.

www.cinetilt.org

Festival de folklore international de Château-Gombert
Incontournable depuis 1964 pour célébrer les danses et les musiques traditionnelles : une semaine de fêtes, de bals, de défilés et de dîners-spectacles.

www.roudelet-felibren.com

Mondial la Marseillaise à Pétanque

Oui, la pétanque a son mondial, depuis que Paul Ricard a créé l'événement en 1962 ! Cinq jours de compétitions et d'animations au parc Borély.

Festival international du cinéma de Marseille

Début juillet, plus de 150 films et avant-premières sont projetés pendant une semaine dans une dizaine de lieux (docus et fictions).

www.fidmarseille.org

Marseille Jazz des Cinq Continents

Dix jours de jazz, de blues et même de funk dans le cadre exceptionnel du parc Longchamp, du Mucem, de la Friche la Belle de Mai et du théâtre Sylvain.

www.marseillejazz.com

Juillet - Août

Belle et Toile

Chaque dimanche d'été, la Friche la Belle de Mai installe un écran géant sur son toit-terrasse.

www.lafriche.org

Août

Championnat de Provence et de France des joutes provençales

Courant août, on achète des chichis et des panisses, et on les grignote sur le port de l'Estaque pour admirer le ballet des joutes nautiques.

Septembre

Septembre en mer

Un événement qui ne cesse de grandir : régates, parades, sardinades, balades, etc.

www.septembreenmer.com

Fête du Vent

Mi-septembre, plus de 200 passionnés de cerf-volant investissent pendant 3 jours les plages du Prado.

www.marseille.fr

Foire internationale de Marseille

À cheval sur septembre et octobre, cette foire accueille plus de 350 000 visiteurs au parc Chanot : mode, gastronomie, musique, sports, ateliers créatifs…

www.foiredemarseille.com

Octobre

Fiesta des Suds

Quinze jours au son du rock, du reggae, de la salsa, du zouk, de l'électro, et de la chanson française.

www.dock-des-suds.org

Novembre

Foire aux santons

La plus ancienne foire aux santons (1803) s'installe mi-novembre en bas de la Canebière, jusqu'à mi-janvier : en plus des stands de santonniers, animations, danses et musiques folkloriques.

www.foire-aux-santons-de-marseille.fr

INDEX

A

Abbaye Saint-Victor **113**
Adresses utiles **175**
Aéroport **174, 176**
Allauch **168**
Anse
- de la Fausse-Monnaie **130**
- de Maldormé **130**
- de Malmousque **8, 130**

Archipel du Frioul **15, 158-161**
Archives départementales **66**
Arsenal (quartier de l'ancien) **99**
Aubagne **171**
Avenue du Prado **138**

B

Baie des Singes **150**
Ballet national de Marseille **139**
Bars et clubs **184**
- Les meilleurs bars pour l'apéro **111**
- Les meilleurs lieux où danser **69**
- Top des bars d'été **147**

Basilique Notre-Dame-de-la-Garde **116**
Bastides **136-137**
Bateau **150, 158, 179, 182**
Bibliothèque de l'Alcazar **23**
Bibliothèque départementale **66**
Bouillabaisse **60, 184**
Boutiques **185**
- Made in Marseille **93**
- Mode branchée
- Top gourmand **51**

Braque, Georges **167**
Budget **174, 175**
Bus **177**
Bus touristique **181**

C

Cabanons **136-137**
Calanque
- d'En-Vau **153**
- de l'Escalette **148, 149**
- de Marseilleveyre **151**
- de Morgiou **152**
- de Port-Miou **152**
- de Port-Pin **152**
- de Saint-Estève **160**
- de Saména **149**
- de Sormiou **151**
- de Sugiton **152**

Calanques (massif et parc national) **7, 148-156, 179**
Callelongue **151**
Canebière (la) **21**
Canebière (la; quartier) **20-29**
Carta, Roland **53, 65**
Cassis **152**
Cathédrale de la Major **56**
Centre de conservation et de ressources du Mucem **76**
Centre international de poésie de Marseille **40**
Centres commerciaux **47, 62, 63**
Cercle des Nageurs de Marseille **128**
Cézanne, Paul **162, 166**
Chapelle
- de la Nerthe **163**
- Sainte-Catherine **53**
- Sainte-Madeleine **115**

Château
- Berger **135, 137**
- Borély **140**
- de La Buzine **171**
- d'If **158**

Château-Gombert **168, 187**
Chemin
- des Goudes **149**
- de la Nerthe **163**
- des peintres **162**

Chichis **7, 163**
Cinéma **80-81**
Cité radieuse **14, 142**
Climat **174**
Corniche Kennedy **9, 129**
Cours
- Belsunce **23**
- d'Estienne-d'Orves **99**
- Julien **83**
- Lieutaud **83**
- Pierre-Puget **97**

Couvent du Refuge **38**
Cuisine marseillaise **60-61, 184**

D

Derain, André **166**
Docks **62**
Dufyn Raoul **167**

E

Église
- des Accoules **36**

- Notre-Dame-du-Mont **84**
- Saint-Cannat **22**
- Saint-Ferréol **20**
- Saint-Laurent **20**
- Saint-Vincent-de-Paul (Les Réformés) **25**

En-Vau (calanque d') **153**
Estaque (L'; quartier) **162-167**
Euroméditerranée **63**

F

Ferme piscicole Provence Aquaculture **161**
Ferry-boat **100**
Fête de la Chandeleur **115, 186**
Fêtes et festivals **186-187**
Football **7, 143**
Fort Saint-Jean **53**
Fort Saint-Nicolas **112**
FRAC PACA **63**
Friche de l'Escalette **148**
Friche la Belle de Mai **14, 74**
Frioul *voir Archipel du Frioul*

G

Gare Saint-Charles **70, 174**
Goudes (Les) **151**
Grotte Cosquer **56, 152**

H

Hébergement **175**
Histoire **32-33**
Hôpital Caroline **161**
Horaires **184, 185**
Hôtel
- de Cabre **34**
- de ville **34**
- de la préfecture **97**
- Hôtel-Dieu **37**

Huveaune **139**

I

Île
- Degaby **130**
- d'If **158**
- Maïre **150**
- du Planier **149**
- Pomègues **160**
- Ratonneau **160**

Îlot
- du Torpilleur **152**

Informations touristiques **180, 183**

J

Jardin
- du Bois-Sacré **8**
- botanique **141**
- de la colline Puget **116**
- des Migrations **53**
- du Pharo **112**
- Valmer **130**

Joliette (la; quartier) **62-68**

L

Le Corbusier **142**
Les Variétés **24**
Lexique marseillais **183**
Location
- de scooters **178**
- de vélos et trottinettes électriques **178**
- de voitures **177**

Longchamp (quartier) **70-78**
Lycée Thiers **83**

M

Madrague-de-Montredon (la) **148**
Magalone (bastide de la) **137**
Maison
- des cinématographies de la Méditerranée **171**
- diamantée **34**

Malmousque **8, 130**
MAMO **142**
Marché
- de la criée **8, 21**
- des Capucins (Noailles) **82**
- aux livres anciens **84**
- paysan du cours Julien **84**

Marseillaise (la; hymne) **24**
Marseilleveyre (calanque de) **151**
Mémorial de la Marseillaise **24**
Métro **176**
Mistral **174**
Mode **126-127**
Montée des Accoules **35**
Morgiou (calanque de) **152**
Mucem **53**
Musée
- d'Archéologie méditerranéenne (M.A.M.) **39**
- d'Art contemporain (MAC) **142**
- d'Art sacré (Allauch) **168**
- des Arts africains, océaniens et amérindiens (M.A.A.O.A.) **40**
- des Beaux-Arts **73**

- Borély (musée des Arts décoratifs, de la Faïence et de la Mode) **140**
- Cantini **97**
- des Docks romains **35**
- Grobet-Labadié **70**
- d'Histoire de Marseille **22**
- provençal **168**
- Regards de Provence **56**
- du Santon Marcel Carbonel **115**

Muséum d'histoire naturelle **73**

N

Navettes (biscuits) **47, 124**
Noailles (quartier) **82-92**
Numéros utiles **175**

O

Office de tourisme **180**
Olympique de Marseille (OM) **144**
Ombrière **21**
Opéra **99**

P

Pagnol, Marcel **47, 80, 168-171**
Palais
- des Arts **83**
- de la Bourse **21**
- de justice **99**
- Longchamp **71**
- du Pharo **112**

Panier (le ; quartier) **34-50**
Panisses **7, 163**
Parc Borély **139**
Parc Longchamp **73**
Pass (musées) **180, 181**
Pass (transports) **178, 181**
Pastis **41, 69**
Peintres **166-167**
Peste **32, 136**
Pétanque **8, 187**
Place
- Castellane **98**
- Daviel **36**
- Estrangin-Pastré **97**
- Félix-Baret **97**
- aux Huiles **99**
- Jean-Jaurès (La Plaine) **85**
- de Lenche **37**
- Malleterre **162**
- des Moulins **38**
- de la Préfecture **97**
- Thiars **99**

Plages **177**
- de Bonneveine **138**
- des Catalans **128**
- de Corbières **164**
- de l'Escale Borély **138**
- de la Pointe-Rouge **141**
- du Prado **138**
- du Prophète **131**
- de Saint-Estève **160**
- de la Vieille-Chapelle **138**

Plages (quartier) **138-146**
Plaine (la) *voir place Jean-Jaurès*
Plaine (la ; quartier) **82-92**
Pôle Media de la Belle de Mai **81**
Port
- antique **22**
- Croisette **150**
- de la Joliette **62**
- de la Madrague-de-Montredon **148**
- de Marseille **30-31**
- de Ratonneau **160**

Porte d'Aix **23**
Port-Miou (calanque de) **152**
Port-Pin (calanque de) **152**
Préau des Accoules **35**
Préfecture (quartier) **96-110**
Puget, Pierre **38, 39, 73**

Q

Quais d'Arenc **64**
Quartier des Antiquaires **97**
Quartiers sud **138-146**

R

Randonnée **180**
Réformés (les) *Voir Église Saint-Vincent-de-Paul*
Restaurants **184**
- au bord de l'eau **157**
- de poissons et crustacés **79**
- sur le pouce **59**

Roucas-Blanc (quartier) **131**
Rue
- d'Aubagne **82**
- de la Lucrèce **162**
- Paradis **98**
- de la République **53**
- de Rome **98**
- Saint-Ferréol **67**

S

Saint-Charles (quartier) **70-78**
Santons **50, 94-95, 115, 187**
Savon de Marseille **94-95**
Sentier côtier (Malmousque) **129**
Sormiou (calanque de) **151**
Stade Vélodrome **143**
Station sanitaire **56**
Sugiton (calanque de) **152**

T

Taxi **176**
Terrasses du Port **63**
Théâtre
- des Bernardines **83**
- du Gymnase **25**
- Joliette-Minoterie **63**
- de Lenche **37**
- national de la Criée **117**

Tour CMA-CGM **65**
Train **174**
Train touristique **182**
Tramway **176**
Transports **176-179**
Treille (La) **169**
Tunnel Bénédit-Jobin **73**

U

Urgences **175**

V

Vallon des Auffes **129**
Vallon des Riaux **163**
Vélo **9, 178**
Viaduc des Riaux **162**
Vieille-Charité **38**
Vieille Major **56**
Vieux-Port **8, 20**
Vieux-Port (quartier) **20-29**
Villa
- Gaby Deslys **137**
- Méditerranée **55**
- Santa Lucia **9**
- Valmer **130**

Visites guidées **181, 182**

Crédits photographiques

Intérieur

Les photographies de cet ouvrage ont été réalisées par **Romain Boutillier** à l'exception de celles des pages suivantes :

© **Céline Bousquet :** p. 9 (milieu g.), p. 103, p. 139, p. 147.
© **Céline Faucon :** p. 29 p. 42, p. 119, p. 149.
© **Lylho/Leemage :** p. 166.
© **Mélanie Rebillaud :** p. 74, p. 76.

Adobe Stock : © **ChantalS** p. 41; © **Fabianodp** p. 73; © **matmoon** p. 8 (bas d.); © **Suzanne Plumette** p. 154; © **travelview** p. 19; © **WavebreakmediaMicro** p. 7 (bas g.).

Hemis.fr : © **Michel Cavalier** p. 17; © **Matthieu Colin** p. 69, p. 87; © **Bertrand Gardel** p. 7 (ht g.), p. 8 (ht d.), p. 8 (milieu), p. 12, p. 33, p. 82, p. 96; © **Laurent Giraudou** p. 131; © **Franck Guiziou** p. 161, p. 165; **Christian Guy** p. 162; © **Camille Moirenc** p. 3 (ht g.), p. 3 (bas g.), p. 26, p. 43, p. 46, p. 62, p. 65, p. 68, p. 142, p. 168; © **Bertrand Rieger** p. 37, p. 159; © **Jean-Daniel Sudres** p. 93.

Shutterstock : © **Bernard** p. 138; © **Carolyne Parent** p. 163; © **eFesenko** p. 39, p. 99; © **JeanLucIchard** p. 158; © **olrat** p. 5 (milieu), p. 173; © **photobeginner** p. 113; © **proslgn** p. 1, p. 30; © **S-F** p. 20, p. 52, p. 57; © **trabantos** p. 34; © **Valery Bareta** p. 9 (bas d.); © **Valery Rokhin** p. 15 (bas g.); © **Zyankarlo** p. 4 (bas d.); © **Wirestock Creators** p. 70.

© **Francis Amiand/Mama Shelter :** p. 90.
© **CopperBay :** p. 121.
© **Gabrielle de Drezigue :** p. 59.
© **Caroline Dutrey, Friche la Belle de Mai, Toit-terrasse, 2019 :** p. 14.
© **Caroline Dutrey, Friche la Belle de Mai, Cours Jobin, 2015 :** p. 75.
© **Baptiste Le Quiniou/La Ruche :** p. 111.
© **Maxime Le Roy/Gaspard :** p. 102.
© **Lilie et Milo :** p. 145.
© **Edouard Mireur :** p. 11 (bas d.).
© **Nobuyoshi Takagi :** p. 125, p. 126.
© **Chiara Pancotti :** p. 11 (ht)

Mucem : p. 4 (ht d.) : Géraldine Péron; p. 55 : Romain Boutillier/© **Architectes : Rudy Ricciotti et Roland Carta/Mucem**
Tour CMA-CGM : p. 66 : Romain Boutillier/© **CMA CGM Tower by Zaha Hadid Architects**

Couverture

Plat 1 Port de Malmousque © **eric laudonien / Shutterstock**

Notre auteure, Céline Bousquet, spécialisée dans la culture et le voyage, a eu un coup de foudre pour Marseille et en a fait son port d'attache. Elle aime s'y perdre, explorer ses nombreux quartiers et dénicher des adresses authentiques. Dans cette ville où personne n'a sa langue dans sa poche, elle adore prendre le temps de discuter, sensible aux histoires qui tissent l'identité unique de Marseille. Sa curiosité et sa gourmandise sont sans limites.

Dernière édition revue et enrichie par **Céline Bousquet.**
Édition antérieure revue et augmentée par **Céline Faucon.**
Édition originale établie par **Marie-Hélène Chapelain.**

Direction : Sidonie Chollet
Direction éditoriale : Cécile Petiau
Édition : Émilie Lézénès
A également collaboré à cet ouvrage : Marina Neveu
Cartographie : Frédéric Clémençon et Aurélie Huot
Fabrication : Liza Sacco

Conception graphique de la couverture et de la maquette intérieure : Minsk Studio
Illustrations : Minsk Studio

Contact presse : rmazef@hachette-livre.fr – 01 43 92 36 66
Contact partenariat et publicité : partenariat-tourisme@hachette-livre.fr

Aussi soigneusement qu'il ait été établi, ce guide n'est pas à l'abri des changements de dernière heure, d'erreurs ou omissions. Ne manquez pas de nous faire part de vos remarques. Informez-nous aussi de vos découvertes personnelles, nous accordons la plus grande importance au courrier de nos lecteurs :

Guides Un Grand Week-end – Hachette Tourisme – 58, rue Jean-Bleuzen 92170 Vanves
weekend@hachette-livre.fr Facebook @GuidesUnGrandWeekend
• **Instagram** @ungrandweekend • **Twitter** @ungrandweekenda

Édité par Hachette Livre (58, rue Jean-Bleuzen, CS 70007, 92178 Vanves Cedex)
Imprimé par Polygraf (Capajevova 44, 08199 Presov, Slovaquie)
Achevé d'imprimer : janvier 2022
ISBN : 978-2-01-714014-6 – 15-1111-4
Dépôt légal : février 2022 - Collection n°31 - Édition : 01